ビジネス・キャリア検定試験過去問題集

検定試験
過去問題集 解説付き

BUSINESS CAREER

経営情報システム 3級

菅原　邦昭 ●監修

ビジネス・キャリア®検定試験研究会 ●編著

一般社団法人 雇用問題研究会 ●発行

●はじめに

　ビジネス・キャリア®検定試験（ビジキャリ）は、技能系職種における技能検定（国家検定）と並び、事務系職種に従事する方々が職務を遂行するうえで必要となる、専門知識の習得と実務能力の評価を行うことを目的とした中央職業能力開発協会（JAVADA）が行う公的資格試験です。

　ビジキャリは、厚生労働省が定める事務系職種の職業能力評価基準（http://www.hyouka.javada.or.jp/）に準拠しており、人事・人材開発・労務管理、経理・財務管理から、営業・マーケティング、経営戦略、さらには、生産管理、ロジスティクスまで、全8分野の幅広い職種をカバーしていることから、様々な目的に応じた自由度の高いキャリア形成・人材育成が可能であり、多くの方々に活用されております。

　本書は、過去にビジネス・キャリア®検定試験で実際に出題された問題から経営情報システム分野の試験区分ごとに100問をピックアップし、正解を付して解説を加えたものです。

　受験者の方々が、学習に際して本書を有効に活用され、合格の一助となれば幸いです。

　最後に、本書の刊行にあたり、ご多忙の中ご協力いただきました関係各位に対し、厚く御礼申し上げます。

令和2年4月

一般社団法人 雇用問題研究会

ビジネス・キャリア®検定試験 過去問題集 解説付き

経営情報システム 3級

・もくじ

●標準テキスト及び試験範囲と本書に掲載されている試験問題の対応表

経営情報システム3級

		標準テキスト（第2版）	
第1章 IT活用の基礎	第1節 コンピュータシステムの基礎	1	コンピュータシステムのハードウェア
		2	補助記憶装置
		3	システム構成の種類
		4	高性能システム
		5	コンピュータシステムの最新動向
	第2節 情報システムの基礎	1	情報システムのソフトウェア構成
		2	データ表現
		3	プログラミング環境
		4	オペレーティングシステム
		5	データベースシステム
	第3節 ネットワーク技術の基礎	1	ネットワークとは
		2	ネットワークの構成技術
		3	ネットワークの種類
		4	無線技術
		5	ネットワークの規格
	第4節 インターネットの基礎	1	インターネットとは
		2	インターネットの構成技術
		3	インターネットの主要サービス
		4	インターネットを活用した情報サービス
		5	インターネットでの脅威
	第5節 IT活用の関連動向	1	個人でのIT活用
		2	情報社会を支えるIT活用
		3	ビジネスにおけるIT活用
		4	ITにかかわる法制度
		5	IT活用の今後の課題
第2章 システム化計画と設計の基礎	第1節 業務分析の基礎	1	業務分析とは
		2	業務分析の手順
		3	業務分析の手法
		4	業務モデリングの種類
		5	業務分析の評価
	第2節 要件定義の基礎	1	要求仕様と要件定義
		2	要求仕様とは
		3	要求仕様書の作成
		4	要件定義とは
		5	要件定義の手順
	第3節 システム化計画の基礎	1	システム化計画とは
		2	システム開発の種類
		3	システム開発の流れ
		4	システム設計の手法
		5	システム開発にかかわる法律やガイドライン
	第4節 ヒューマン・インターフェースの作成	1	インターフェースとは
		2	コード設計
		3	入力インターフェース
		4	出力インターフェース
		5	インターフェースの最新動向
	第5節 データベース・ファイル設計	1	データベースとファイルの違い
		2	ファイルシステムの概要
		3	データベースの種類
		4	リレーショナルデータベースの設計
		5	データベースの活用

8ページに続く

試験範囲（出題項目）			本書の問題番号
A IT活用の基礎	1 コンピュータシステムの基礎	1 コンピュータシステムのハードウェア 2 補助記憶装置 3 システム構成の種類 4 高性能システム 5 コンピュータシステムの最新動向	1～4
	2 情報システムの基礎	1 情報システムのソフトウェア構成 2 データ表現 3 プログラミング環境 4 オペレーティングシステム 5 データベースシステム	5～6
	3 ネットワーク技術の基礎	1 ネットワークとは 2 ネットワークの構成技術 3 ネットワークの種類 4 無線技術 5 ネットワークの規格	7～8
	4 インターネットの基礎	1 インターネットとは 2 インターネットの構成技術 3 インターネットの主要サービス 4 インターネットを活用した情報サービス 5 インターネットでの脅威	9～14
	5 IT活用の関連動向	1 個人でのIT活用 2 情報社会を支えるIT活用 3 ビジネスにおけるIT活用 4 ITにかかわる法制度 5 IT活用の今後の課題	15～20
B システム化計画と設計の基礎	1 業務分析の基礎	1 業務分析とは 2 業務分析の手順 3 業務分析の手法 4 業務モデリングの種類 5 業務分析の評価	21～22
	2 要件定義の基礎	1 要求仕様と要件定義 2 要求仕様とは 3 要求仕様書の作成 4 要件定義とは 5 要件定義の手順	23～27
	3 システム化計画の基礎	1 システム化計画とは 2 システム開発の種類 3 システム開発の流れ 4 システム設計の手法 5 システム開発にかかわる法律やガイドライン	28～33
	4 ヒューマン・インターフェースの作成	1 インターフェースとは 2 コード設計 3 入力インターフェース 4 出力インターフェース 5 インターフェースの最新動向	34～36
	5 データベース・ファイル設計	1 データベースとファイルの違い 2 ファイルシステムの概要 3 データベースの種類 4 リレーショナルデータベースの設計 5 データベースの活用	37～39

9ページに続く

7

標準テキスト（第2版）		
第3章 情報システムの運用・保守の基礎	第1節 情報システムを運用する	1　運用の使命 2　運用の目的と活動 3　実施・管理の対象 4　運用の実施・管理の特徴 5　高信頼性システムに必要なシステム構成技術
	第2節 情報システムの運用を管理する	1　運用管理の概要 2　システム管理 3　運行管理（オペレーション管理） 4　イベント管理 5　インシデント管理 6　障害管理 7　問題管理 8　要求管理 9　サービスデスク
	第3節 情報システムの資源を管理する	1　構成管理 2　資産管理 3　ハードウェア資源管理 4　ソフトウェア資源管理 5　データ資源管理 6　ネットワーク資源管理 7　設備資源管理 8　キャパシティ管理 9　保守 10　稼働環境への変更の受け入れ
	第4節 ITサービスを利用・提供する	1　ITサービス管理の概要 2　ITサービスの種類や形態 3　ITサービスの特徴 4　サービスレベルの管理 5　ITサービス管理システム 6　サービスライフサイクル
	第5節 セキュリティ管理	1　情報セキュリティ管理とは 2　情報資産 3　情報セキュリティ対策の手法

10ページに続く

試験範囲（出題項目）			本書の問題番号
C 情報システムの運用・保守の基礎	1 情報システムを運用する	1 運用の使命 2 運用の目的と活動 3 実施・管理の対象 4 運用の実施・管理の特徴 5 高信頼性システムに必要なシステム構成技術	40～43
	2 情報システムの運用を管理する	1 運用管理の概要 2 システム管理 3 運行管理（オペレーション管理） 4 イベント管理 5 インシデント管理 6 障害管理 7 問題管理 8 要求管理 9 サービスデスク	44～47
	3 情報システムの資源を管理する	1 構成管理 2 資産管理 3 ハードウェア資源管理 4 ソフトウェア資源管理 5 データ資源管理 6 ネットワーク資源管理 7 設備資源管理 8 キャパシティ管理 9 保守 10 稼働環境への変更の受け入れ	48～55
	4 ITサービスを利用・提供する	1 ITサービス管理の概要 2 ITサービスの種類や形態 3 ITサービスの特徴 4 サービスレベルの管理 5 ITサービス管理システム 6 サービスライフサイクル	56～57
	5 セキュリティ管理	1 情報セキュリティ管理とは 2 情報資産 3 情報セキュリティ対策の手法	58～67

11ページに続く

標準テキスト（第2版）		
第4章 業務アプリケーションの活用と選定の基礎	第1節 業務アプリケーションの基礎	1 業務アプリケーションとは 2 業務アプリケーションの構成 3 導入手順 4 小規模な業務アプリケーションの例 5 業務アプリケーション開発に関連する技術
	第2節 製造業務のアプリケーション	1 製造の流れ 2 製造にかかわるシステム 3 活用例 4 製造業務に関連する技術や動向
	第3節 販売活動の業務アプリケーション	1 販売の流れ 2 販売活動にかかわるシステム 3 導入事例 4 販売活動を支える技術や規格 5 最新動向
	第4節 物流業務のアプリケーションの基礎	1 物流業務とは 2 物流にかかわるIT 3 物流システムの導入事例 4 支える技術 5 今後の技術動向
	第5節 さまざまな業務アプリケーション	1 個人の利用が組織の活動につながる業務アプリケーション 2 プロジェクト管理におけるアプリケーション 3 e-ラーニング 4 医療システム 5 公的団体における情報化
第5章 情報活用の基礎	第1節 情報について	1 情報とは 2 情報の種類 3 情報の性質 4 情報の分析 5 情報社会
	第2節 情報のビジネス活用	1 情報のビジネス活用とは 2 データの種類 3 データの収集 4 データの分析 5 情報のビジネス活用例
	第3節 マルチメディアの基礎	1 マルチメディアとは 2 画像の要素技術 3 動画の要素技術 4 マルチメディアの活用例
	第4節 ネットワークの活用	1 ネットワークの活用とは 2 商取引でのネットワーク利用 3 Ｗｅｂマーケティング 4 メールの活用 5 社内ネットワークの活用
	第5節 ビジネスツールの活用	1 ビジネスツールとは 2 文書作成 3 表計算 4 プレゼンテーション 5 グラフ表現

＊標準テキストの章立てについては、学習のしやすさ、理解促進を図る観点から、一部、試験範囲の項目が組替・包含されている場合等があります。

試験範囲（出題項目）			本書の問題番号
D 業務アプリケーションの活用と選定の基礎	1 業務アプリケーションの基礎	1 業務アプリケーションとは 2 業務アプリケーションの構成 3 導入手順 4 小規模な業務アプリケーションの例 5 業務アプリケーション開発に関連する技術	68〜75
	2 製造業務のアプリケーション	1 製造の流れ 2 製造にかかわるシステム 3 活用例 4 製造業務に関連する技術や動向	76〜79
	3 販売活動の業務アプリケーション	1 販売の流れ 2 販売活動にかかわるシステム 3 導入事例 4 販売活動を支える技術や規格 5 最新動向	80〜84
	4 物流業務のアプリケーションの基礎	1 物流業務とは 2 物流にかかわるIT 3 物流システムの導入事例 4 支える技術 5 今後の技術動向	85
	5 さまざまな業務アプリケーション	1 個人の利用が組織の活動につながる業務アプリケーション 2 プロジェクト管理におけるアプリケーション 3 e-ラーニング 4 医療システム 5 公的団体における情報化	－
E 情報活用の基礎	1 情報について	1 情報とは 2 情報の種類 3 情報の性質 4 情報の分析 5 情報社会	86〜87
	2 情報のビジネス活用	1 情報のビジネス活用とは 2 データの種類 3 データの収集 4 データの分析 5 情報のビジネス活用例	88〜91
	3 マルチメディアの基礎	1 マルチメディアとは 2 画像の要素技術 3 動画の要素技術 4 マルチメディアの活用例	92〜93
	4 ネットワークの活用	1 ネットワークの活用とは 2 商取引でのネットワーク利用 3 Ｗｅｂマーケティング 4 メールの活用 5 社内ネットワークの活用	94〜98
	5 ビジネスツールの活用	1 ビジネスツールとは 2 文書作成 3 表計算 4 プレゼンテーション 5 グラフ表現	99〜100

＊試験範囲の詳細は、中央職業能力開発協会ホームページ（http://www.javada.or.jp/jigyou/gino/business/jyouhou.html）をご確認ください。

●本書の構成

本書は、「過去問題編」と「解答・解説編」の２部構成となっています。
ビジネス・キャリア®検定試験において過去に出題された問題から100問を
ピックアップ。問題を「過去問題編」に、各問についての解答及び出題のポ
イントと解説を「解答・解説編」に収録しています。
発刊されている「ビジネス・キャリア®検定試験 標準テキスト」（中央職業
能力開発協会 編）を併用しながら学習できるように、問題の内容に対応す
る標準テキストの該当箇所も示しています。
各ページの紙面構成は次のようになっています。

過去問題編

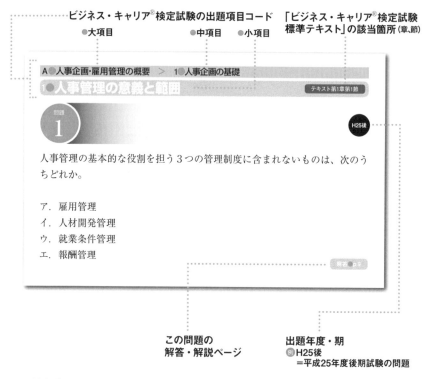

ビジネス・キャリア®検定試験の出題項目コード　　「ビジネス・キャリア®検定試験 標準テキスト」の該当箇所(章、節)

●大項目　　　●中項目　●小項目

A●人事企画・雇用管理の概要　＞　１●人事企画の基礎

１●人事管理の意義と範囲　　　　テキスト第1章第1節

問題
1　　　　　　　　　　　　　　　H25後

人事管理の基本的な役割を担う３つの管理制度に含まれないものは、次のう
ちどれか。

ア．雇用管理
イ．人材開発管理
ウ．就業条件管理
エ．報酬管理

解答●p.9

この問題の
解答・解説ページ

出題年度・期
例H25後
＝平成25年度後期試験の問題

＊検定試験の出題項目コード及び標準テキストの該当箇所については、該当するものが必ず
しも単一であるとは限らないため、最も内容が近いと思われるコード、章・節を参考として
示しています。

12

解答・解説編

正解の選択肢

出題のポイント（この問題でどのような内容が問われているか）

A●人事企画・雇用管理の概要 ＞ 1●人事企画の基礎

①●人事管理の意義と範囲

テキスト第1章第1節

問題 1 解答

H25後

正 解　イ

ポイント　人事管理を構成する諸制度の基本的な理解度を問う。

【解　説】

ア．含まれる。職場や仕事に人材を供給するための管理機能を担う。①採用管理、②配置・異動管理、③人材開発管理、④雇用調整・退職管理、のサブシステムからなる。

イ．含まれない。雇用管理を構成するサブシステムの1つである。

ウ．含まれる。働く環境を管理する機能を担う。①労働時間管理、②安全衛生管理、のサブシステムからなる。

エ．含まれる。給付する報酬を管理する機能を担う。①賃金管理、②昇進管理、③福利厚生管理、のサブシステムからなる。

　人事管理の基本的な役割を担う3つの管理制度（雇用管理、就業条件管理、報酬管理）と、基盤システム、サブシステムとの連関は、次の図のとおり。

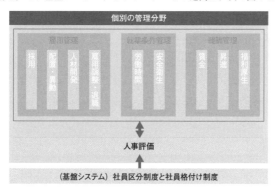

設問の各選択肢について正誤根拠を示すとともに、学習するうえで重要な点などについて解説しています。

ビジネス・キャリア®検定試験 過去問題集 解説付き

BUSINESS CAREER

経営情報システム 3級

経営情報システム **3級**

ビジネス・キャリア®検定試験
過去問題編

A●IT活用の基礎 ＞ 1●コンピュータシステムの基礎

2●補助記憶装置

テキスト第1章第1節

次のA～Cに示す現象や処理を表す用語の組み合わせとして適切なものは、次のうちどれか。

A．HDDでデータの保存と削除を頻繁に繰り返したときに起きる不具合を解消する操作
B．CPUで用いるメモリ容量よりも大きなプログラムを処理するための方法
C．同時に多数のプログラムを実行したとき、本来の処理が止まってしまうように見える現象

ア．A：デフラグメンテーション　　B：仮想記憶方式　　C：スラッシング
イ．A：フラグメンテーション　　　B：スワッピング　　C：ページング
ウ．A：デフラグメンテーション　　B：スラッシング　　C：ページング
エ．A：フラグメンテーション　　　B：仮想記憶方式　　C：スラッシング

解答 p.106

PCに用いる補助記憶装置の記憶媒体のうち、落下や打撃などの衝撃を与えることにより故障する可能性が最も高いものは、次のうちどれか。

ア．CD-RW
イ．外付けハードディスク
ウ．SSD
エ．USBメモリ

解答 p.107

3●システム構成の種類

問題
3

H27後

シンクライアントを導入することのメリットに関する記述として不適切なものは、次のうちどれか。

ア．クライアント端末のCPU、主記憶装置、補助記憶装置などのハードウェアの負荷が減り、コストを低下させることができる。

イ．データを分散化することにより、情報の安全性が向上できる。

ウ．クライアント端末のソフトウェアのバージョンアップに関わる手間が減り、その管理コストを低下させることができる。

エ．クライアント端末の外部記憶装置からのウイルスの侵入の機会を減らすことができ、セキュリティが向上する。

解答●p.108

過去問題編

4● 高性能システム　　テキスト第1章第1節

インターネットなどのネットワークで非常に多数のコンピュータを接続することにより、使っていないコンピュータの資源を活用して、大規模な処理能力を実現する形態がある。次の記述のうち、この形態の名称として正しいものを選びなさい。

ア．エンドユーザコンピューティング
イ．クラウドコンピューティング
ウ．グリッドコンピューティング
エ．ユビキタスコンピューティング

解答● p.109

2●データ表現

テキスト第1章第2節

H29前

文字コードに関する記述として不適切なものは、次のうちどれか。

ア．ISO-2022-JPは、インターネット上で使われる日本語に対応した文字符号化方式である。

イ．UTF-8は、複数の文字集合を扱えるコード体系で1〜6バイトで表現される。

ウ．EUCは、UNIX上でよく使われる文字コードの符号化方式である。

エ．シフトJISコードは、日本語を表現できる文字コードであるが、仕様の制約上、半角カナは扱えない。

解答●p.110

A●IT活用の基礎 ＞ 2●情報システムの基礎

3●プログラミング環境　　　　　　　　　　　　　テキスト第1章第2節

問題 6

プログラミング言語に関する記述として不適切なものは、次のうちどれか。

ア．オブジェクト指向プログラミングのために、アセンブラ言語を利用する。

イ．Webページを動的に変更するために、CGI（Common Gateway Interface）を利用する。

ウ．インタプリタモードを使って、逐次的に関数などの動きを確認する。

エ．アプリケーションの自動処理を行うために、スクリプト言語を使う。

解答●p.111

A●IT活用の基礎 ＞ 3●ネットワーク技術の基礎

2● ネットワークの構成技術

テキスト第1章第3節

LANの接続機器に関する記述として適切なものは、次のうちどれか。

ア．ハブは物理層でのLANの集線装置であり、個々のクライアントはハブ
　を中心にバス型に配線される。

イ．ブリッジはデータリンク層での接続機器であり、宛先のIPアドレスを認
　識する機能を持つ。

ウ．ゲートウェイは上位層での接続機器であり、TCP/IPのプロトコルを持
　つネットワーク同士を接続する。

エ．リピータは物理層での延長機器であり、LANケーブルの距離が長くな
　り減衰した電気パルスを復元する機能を持つ。

解答●p.112

A●IT活用の基礎　＞　3●ネットワーク技術の基礎

4●無線技術　　　　　　　　　　　　テキスト第1章第3節

問題
8

無線LAN及びその規約（IEEE802.11）に関する記述として不適切なものは、次のうちどれか。

ア．IEEE802.11aとIEEE802.11gの通信速度の理論値は最大11Mbpsである。

イ．IEEE802.11aは電波干渉を受けにくく、IEEE802.11bとの互換性はない。

ウ．無線LANのトポロジーはスター型である。

エ．MACアドレスによるアクセス制御が可能である。

解答●p.113

A●IT活用の基礎 ＞ 4●インターネットの基礎

2●インターネットの構成技術

LANからインターネットに接続する際、自動的にIPアドレスを割り付ける
プロトコルとして適切なものは、次のうちどれか。

ア．DHCP
イ．DNS
ウ．FTP
エ．HTTP

解答●p.114

「https://www.javada.or.jp/index.html」というURL（Uniform Resource Locator）
の中のjavada.or.jpの部分に関する記述として適切なものは、次のうちどれか。

ア．この部分はプロトコル名を示している。
イ．この部分はホスト名を示している。
ウ．この部分はファイル名を示している。
エ．この部分はドメイン名を示している。

解答●p.114

インターネット上でWebを利用する際の記述として不適切なものは、次の
うちどれか。

ア．インターネット検索エンジンには、Webサイトをそれが属するテーマやトピックによってカテゴリに分類し、人間が審査して掲載しているディレクトリ型検索エンジンと、クローラと呼ばれるソフトウェアでインターネット上のWebページを巡回してWebページデータを取得しているロボット型検索エンジンなどがある。

イ．「http:」が最初についたWebサイトでパスワードなどのデータを入力した場合、データ漏洩の危険がある。

ウ．IPアドレスの別名としてドメイン名を利用できるが、日本語のドメイン名も利用できる。

エ．インターネット上のコンピュータはIPアドレスで識別されるが、古くから利用されている32ビット方式は、約43億個定義でき十分な数を確保できるので問題はない。

解答 p.115

3●インターネットの主要サービス　　　　テキスト第1章第4節

WiMAXに関する記述として適切なものは、次のうちどれか。

ア．電波を使って高速通信を行う接続方法であり、W-CDMAを拡張した技術が採用されている。

イ．アナログ電話回線を使って高速通信を行う接続方法であり、通信速度は下りが上りよりも速い。

ウ．電波を使って高速通信を行う接続方法であり、無線LANのアクセス方式を拡張した技術が採用されている。

エ．光ファイバケーブルを使って高速通信を行う接続方法であり、通信速度は上りの速度が下りの速度に匹敵する伝送速度を実現している。

解答●p.117

インターネット回線サービスに関する記述として不適切なものは、次のうちどれか。

ア．広域イーサネットは、遠隔地の複数LAN間をあたかも同一LANのように利用できる環境を提供する。

イ．VPNによって、公衆回線をあたかも専用回線であるかのように利用できる。

ウ．VoIPというプロトコルによって、TCP/IPを介するサービスがIP電話である。

エ．IP-VPNは一般のインターネットを利用して、閉域ネットワークを構築するためコストが低くなる。

解答●p.117

A●IT活用の基礎　＞　4●インターネットの基礎

4●インターネットを活用した情報サービス　テキスト第1章第4節

自社のWebサイトを検索エンジンでの検索結果の上位に表示させるために実施する方法として適切なものは、次のうちどれか。

ア．文中の見出しに適切なキーワードを挿入することで、検索エンジンでより上位に表示されるようになるため、見出しの箇所に、Webページの内容に関連するキーワードを挿入した。

イ．多くの検索結果に表示されるように、Webページにキーワードをできるだけたくさん列挙するとともに、キーワードを背景色と同色で記述することで閲覧者が煩わしく感じないよう配慮した。

ウ．閲覧者の目に留まるように、キーワードの文字を装飾したり、意外性のある写真を多用してWebページを作成した。

エ．閲覧者が関連事項を調べやすいように、Webページ上に関係する他のWebサイトへのリンクを多く張った。

解答 p.119

A●IT活用の基礎 ＞ 5●IT活用の関連動向

1●個人でのIT活用 テキスト第1章第5節

H28後

公共の場所において、ノートパソコンを利用する際の留意点に関する記述として最も適切なものは、次のうちどれか。

ア．喫茶店で情報収集のために公開ホームページを参照しようとしたが、公衆無線LANでは不安があったため、会社支給のスマートフォンにてテザリングして接続することにした。社内セキュリティ規程で禁止されていなければ問題はない。

イ．スタンドアロンで会社支給のパソコンを使用していたら、「ウイルス情報定義ファイルが古い」との警告が表示された。インターネットには接続しないので、このまま使用していても問題はない。

ウ．出先で修正したプレゼンテーションファイルのバックアップを取ろうとしたが、他に持ち合わせがなかったため、社内セキュリティ規程で使用が禁止されている私物のUSBメモリに該当するファイルを複写した。帰社した際に速やかに社内サーバーに複写し、USBメモリから消去すれば問題はない。

エ．重要なデータをいつでも参照できるように、想定されるデータにはすべてパスワードを設定し、ノートパソコンに保存しておいた。公園で社外秘のデータを参照する際、パスワードを入力して必要最低限のデータだけを見るのであれば問題はない。

解答 p.120

H27前

LTE（Long Term Evolution）に関する記述として適切なものは、次のうちどれか。

ア．3GPPによって策定された規格による第3.9世代（3.9G）に当たる通信方式であるが、国際電気通信連合（ITU）は4Gと呼称することを認めている。通信速度は、最近では下り最大150Mbps程度のものもある。

イ．IEEEによって策定された規格であるIEEE802.16eによる通信方式である。通信速度は、サービス開始当初は下り最大40Mbps程度だったが、最近では下り最大220Mbpsや110Mbpsのものもある。

ウ．3GPPによって策定された規格による第3.5世代（3.5G）に当たる通信方式である。通信速度は、下り最大42Mbps程度のものもある。

エ．IEEEによって策定された規格であるIEEE802.11nによる通信方式である。通信速度は、下り最大300Mbps程度のものもある。

解答 ● p.121

Webメールに関する記述として不適切なものは、次のうちどれか。

ア．Webメールは、メールソフトをパソコンにインストールしなくても利用することができる。

イ．Webメールには、業者が提供するサービスの他に、企業による独自のサーバーで稼働するプライベートなものがある。

ウ．Webメールでは、サーバーとWebブラウザとの間の通信が暗号化されていることが望ましい。

エ．メールサーバーに保存された大量のメールからキーワード検索する場合、Webメールでは、サーバーとWebブラウザとの間で、常に通信が行われていることから、メールソフトを使用して行う場合よりも要する時間が長くなる。

解答 ● p.122

H25前

Webページ、メール等を利用して、携帯電話やスマートフォンのユーザー向けに情報発信する場合、配慮すべき点として適切なものは、次のうちどれか。

ア．携帯電話やスマートフォンは、いつでもどこでも情報を受信できることから、メールマガジンの発信については、最新情報が入り次第、できる限りリアルタイムで行うことがユーザーにとって好ましい。

イ．携帯電話やスマートフォンのメール受信において、ドメイン指定をしているユーザーのために、必要に応じて、指定の解除を依頼する旨をWebページに明記する。

ウ．携帯電話におけるWeb閲覧では、ページの移動に手間が掛かることから、携帯電話用Webページを作成する場合には、できる限り1ページに多くの情報を掲載する。

エ．雑誌等に携帯電話用Webページを紹介する場合、容易にアクセスできるようにするため、ITF（Interleaved Two of Five）バーコードを掲載する。

解答 p.123

3●ビジネスにおけるＩＴ活用　　　　テキスト第1章第5節

以下の＜事例＞に基づく、Webの活用方法に関する記述として適切なものは、次のうちどれか。

　＜事例＞
　　A社は、新商品の宣伝の一環でWebを活用することにした。新商品に関する最新情報をリアルタイムに発信するとともに、それらの情報が検索エンジン経由でも閲覧できるようにすることで、新規顧客の獲得を目指したい。

ア．自社のホームページに日記のページを開設し、最新情報を日々掲載する。
イ．ミニブログのアカウントを作成し、最新情報を短文で掲載する。
ウ．インスタントメッセンジャーのアカウントを取得し、最新情報を提供する。
エ．メールマガジンを発行し、メルマガ会員に毎週送付する。

解答●p.125

A●IT活用の基礎 ＞ 5●IT活用の関連動向

4● ＩＴにかかわる法制度　　　　　テキスト第1章第5節

個人情報保護法における個人情報保護に関する記述として適切なものは、次のうちどれか。

ア．すでに死亡している人も個人情報の保護の対象となる。

イ．データベースから住所と生年月日を削除すれば、個人情報に該当しない。

ウ．氏名と所属が明示されていて個人を特定できるメールアドレスは、個人情報となる。

エ．ランダムに生成された電子掲示板上のハンドルネームの一覧は、個人情報となる。

解答●p.126

B●システム化計画と設計の基礎 ＞ 1●業務分析の基礎

1●業務分析とは

テキスト第2章第1節

H26前

業務分析に関する記述として不適切なものは、次のうちどれか。

ア．業務分析は目的・目標設定の次に行うステップとして位置づけられる。
　そして業務分析のアウトプットが、次の工程として実施されるシステム設
　計のためのインプットとなる。

イ．従来から手作業で行ってきた業務をそのままシステム化してもメリット
　が少なく、費用対効果が望めないため、明確化された要素（モノ、機能）
　を再構築して、効率化を図る必要がある。

ウ．業務分析において、業務や流れを記述する手法として、ブレーンストー
　ミングやDFD（Data Flow Diagram）などがある。

エ．BPR（Business Process Re-engineering）として業務分析を行う場合に
　は、現状の詳細分析を機能・プロセス分析の後に行うことがある。

解答●p.127

34

2 ● 業務分析の手順

テキスト第2章第1節

H26後

業務分析の手順に関する以下の表の（　　　）の中に入る語句の組み合わせとして適切なものは、次のうちどれか。

手順	項　目	内　容
1	目的・範囲の設定	情報化の目的の明確化 （　a　）の設定 業務分析計画の立案
2	現状分析	現状業務の問題や（　b　）の抽出 現状業務システムの明確化
3	機能・プロセス分析	業務の機能分析 （　c　）方策の検討 新業務プロセスや（　d　）の策定 業務定義書の作成
4	（　e　）分析	（　e　）の抽出と分析 業務と情報の関係を確認
5	関係者の了解、確認	

ア．a：業務目的　　　　　　b：エンティティ　　c：システム実現
　　d：システム仕様　　　　e：要求事項

イ．a：業務分析の範囲　　　b：要求事項　　　　c：業務改善
　　d：業務要件　　　　　　e：エンティティ

ウ．a：業務目的　　　　　　b：要求事項　　　　c：システム実現
　　d：システム仕様　　　　e：エンティティ

エ．a：業務分析の範囲　　　b：エンティティ　　c：業務改善
　　d：業務要件　　　　　　e：要求事項

解答 ● p.129

B●システム化計画と設計の基礎 ＞ 2●要件定義の基礎

2●**要求仕様とは**
テキスト第2章第2節

KJ法を使ってユーザーの要求調査を行うことになった。この場合の説明として適切なものは、次のうちどれか。

ア．ユーザーのキーパーソンや専門家に面接して、あらかじめ用意した質問をもとに、要求を聞き取る。相手の反応を見ることで、潜在した意見を引き出すことができる。

イ．カードに書かれたいくつかの要求事項を類似性・関連性に着目してグループ化する。作成したグループにタイトルを付け、そのタイトルをさらにグループ化することで、構造図を作成する。

ウ．一度に多くの回答者に同じ質問に答えてもらう。多くの人の意見を聞くことができるが、問題点を掘り下げることができず、回答者の誤解や固定観念が含まれていることがある。

エ．関係者数名を集めて、自由な雰囲気で討論をしてもらい、潜在的なアイデアを引き出す。コーディネータのスキルによって、結論や意見の出方が変わってくる。

解答●p.131

3●要求仕様書の作成 テキスト第2章第2節

システム開発の要求仕様書に関する記述として不適切なものは、次のうちどれか。

ア．要求仕様書は、システムの発注者や利用者によって作成されるべきものであるが、このような文書の記述に不慣れなこともあるので、システム開発者と共同して作成することがある。

イ．要求仕様書に記載される性能要求には、稼働できる端末数、システムに求められる通常時・ピーク時の応答時間など、測定可能な数値設定が必要である。

ウ．要求仕様書に記載する利用者の要求を調査・整理するための手法としては、資料収集、インタビュー、アンケート、KJ法などがある。

エ．リアルタイムシステムの設計の場合に、システムの状態の移り変わりを表現する方法として、DFDがある。

解答 ● p.132

H25前

要件定義の表現でよく利用されるHIPO（Hierarchy Input Process Output）の総括ダイヤグラムにおいて、①～④に当てはまる語句の組み合わせとして適切なものは、次のうちどれか。

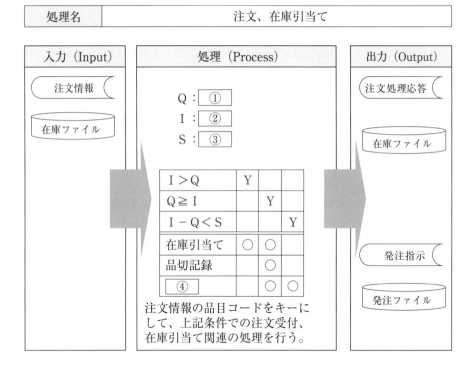

ア．①：注文量　②：在庫量　③：安全在庫量　④：発注

イ．①：在庫量　②：注文量　③：安全在庫量　④：注文処理応答

ウ．①：在庫量　②：注文量　③：注文量の月間合計　④：注文処理応答

エ．①：注文量　②：在庫量　③：注文量の月間合計　④：発注

解答 p.133

5●要件定義の手順

テキスト第2章第2節

問題
26

要件定義工程における必須作業に関する記述として不適切なものは、次のうちどれか。

ア．現行業務の問題について、ブレーンストーミングにより解決の方策を見つける。

イ．データ項目とその関連をE-Rダイヤグラムで記述する。

ウ．システムの処理時間や応答時間などの性能に関する条件を記述する。

エ．画面などのUI項目とレイアウトを記述する。

解答●p.135

問題
27

業務要件の定義作業に関する記述として不適切なものは、次のうちどれか。

ア．企画作業として投資効果・業務効果を明確化した後に、業務要件の定義作業を実施した。

イ．業務要件の定義では、利害関係者を定義してから利害関係者のヒアリングを実施した。利害関係者として、システムのユーザー、経営層、システム部門、開発者、保守者を含めた。

ウ．業務要件の定義とシステム要件の定義を同時に実行した。

エ．業務要件には機能的な要件だけでなく、使いやすさ、信頼性、性能、保守性、セキュリティなどの要件を含めた。

解答●p.136

B●システム化計画と設計の基礎　>　3●システム化計画の基礎

1●システム計画とは

テキスト第2章第3節

システム化計画の策定に関する記述として不適切なものは、次のうちどれか。

ア．システム化の目的を明確化するために利用する手法として、SWOT分析がある。これは企業の内部環境と外部環境を分析して、内部環境分析から強みと弱みを明確化し、外部環境分析から企業の機会と脅威を明確化する手法である。

イ．システム化計画では、業務分析により業務的な要件を集めるとともに、システムの範囲や構成を決定する。

ウ．経営環境の分析として、経済状況、業界状況、自社環境、ライバル企業の情報戦略、特に顧客の囲い込みや需要の把握に情報システムがどのような役割を果たしているかも調査する。

エ．システム化計画では、システム化の目的を実現するためのビジネス面での分析を主体として行い、技術動向の調査など技術面での分析は、後続のフェーズで行う。

解答●p.137

以下の＜事例＞において、今後行うべき措置として適切なものは、次のうちどれか。

＜事例＞

　A社では、現在10名の従業員が働いているが、仕事が増えてきたので新たに5名の従業員を採用することにした。そこで、パソコンと業務ソフトを追加し、社内LANに接続することにした。

ア．今後さらに従業員が増える可能性があるので、採用人数の倍の台数のパソコンを購入する。

イ．社内LANに接続するパソコンの台数が増えるので、ネットワークの構成をクラスCからクラスBに変更する。

ウ．新規採用した従業員には、業務ソフトの利用者IDとパスワードを発行する。このIDには担当予定の業務にかかわる処理操作のみを行うことができる権限を持たせる。

エ．従業員数が増えることで、人事や経理の処理が増えることが予想されるので、ERPを導入する。

 **問題30** H28前

パッケージソフトの導入時に注意すべき記述として不適切なものは、次のうちどれか。

ア．パッケージソフトは、運用開始までの期間が基本的には短いが、パッケージソフトが前提としているビジネスモデルに、自社のプロセスを合わせられるのかなどの検討が長引く場合がある。

イ．品質が安定していて、システムの不具合が少ないが、不具合が発生した際、その対応が迅速に行われない場合がある。

ウ．機能は豊富であるが、自社には不必要なものもある。

エ．導入後に、保守、バージョンアップ等に対するコストが発生する。

 **問題31** H29後

システムの自社開発及び外部委託に関する記述として不適切なものは、次のうちどれか。

ア．外部委託は、システム開発・保守を外部の要員に依存するため、その費用が固定化する。

イ．自社開発では、開発ノウハウが自社内に残るため、他システムへの応用が容易である。

ウ．自社開発では、新しい技術や革新的な技術をすぐに取り入れることは難しい。

エ．外部委託では、システム改修や機能追加などの作業をタイムリーに実施できるとは限らない。

解答 p.140

H29前

ハードウェアの導入計画に関する記述として不適切なものは、次のうちどれか。

ア．機器やネットワークに異常が生じたとしても、代替機やネットワークの迂回路を選択できるようにしておくとよい。

イ．使いやすい機器を選定するためには、操作性、見やすさなどの人間工学も考慮して機器を選ぶとよい。

ウ．現行システムに対してベンダーから新規ハードウェア調達を行う場合には、現行業務の端末数やデータ量に十分な機器やネットワークの構成を選ぶとよい。

エ．新規にシステムを導入する場合には、最新のマシンを選択しなくてもよい。

解答 p.140

H19後

以下の事例において、A社は業務上の諸書類を紙媒体で処理しており、決裁完了までに時間がかかることが問題になっている。業務上の諸書類を円滑に

処理するために導入するツールとして、最も適切なものは次のうちどれか。

<事例>

　A社では稟議書、申請書、決裁書などの処理を紙媒体で作成し、担当者に順に回すことで処理をしている。例えば、備品等の購入をする場合、物品購入申請書を作成し、購入金額に応じて、下記の決裁を受ける必要がある。

　　・3万円以下の場合、課長決裁で購入できる。

　　・3万円を超え、10万円以下の場合、課長及び部長の決裁で購入できる。

　　・10万円を超える場合、課長、部長及び事業部長の決裁で購入できる。

ア．RSSリーダー
イ．ワークフローソフト
ウ．文書管理ツール
エ．ToDoリスト

解答 p.141

B●システム化計画と設計の基礎　＞　4●ヒューマン・インターフェースの作成

2●コード設計

問題

34

H29後

データを管理するためのコード設計方式の記述として適切なものは、次のうちどれか。

ア．データの発生順にコードを付けていく方法は、「ニーモニックコード」と呼ばれ、単純かつ簡単であるが、後で体系化するのが難しい。

イ．「ブロックコード」は、いくつかのブロックに分けて管理する方式であり、「桁別コード」はすべての桁に1桁ずつ意味を持たせる方式である。

ウ．「桁別コード」は、集計や検索が容易であるが、「ブロックコード」よりも桁数が多くなりがちという欠点がある。

エ．「表意コード」は、対象データの名称や属性を示す文字や数字をそのまま利用するため、人間にとって記憶しやすく、コンピュータの処理効率も高くなる。

解答●p.143

3●入力インターフェース

テキスト第2章第4節

H27前

入力したデータのチェックに関する記述として適切なものは、次のうちどれか。

ア．通常、バーコードで読み取るJANコードには、モジュラス10という方式で求められたチェックデジットが付加されている。

イ．単価、数量、金額など数字のみを入力する項目では、シーケンスチェックによって、入力された値が数字か非数字かのチェックを行うのが一般的である。

ウ．月や日の入力など、値の範囲が限定されている項目では、フォーマットチェックによって数値範囲のチェックを行うことが有効である。

エ．仕訳伝票の入力などで、手計算で求めた値とコンピュータが計算した値を照合することを、バランスチェックという。

解答 p.144

H25前

以下に示す入出力画面の設計に関する＜対象項目＞とその＜留意点＞との組み合わせとして適切なものは、次のうちどれか。

＜対象項目＞	
A	大量データの表示
B	メニュー設計
C	警告表示
D	操作の効率化

＜留　意　点＞	
①	強調して表示する
②	スクロール機能を利用する
③	ファンクションキーを活用する
④	わかりやすい名称を付ける

ア．A：① 　 B：④ 　 C：② 　 D：③
イ．A：② 　 B：③ 　 C：① 　 D：④
ウ．A：② 　 B：④ 　 C：① 　 D：③
エ．A：④ 　 B：② 　 C：① 　 D：③

解答 ● p.145

B●システム化計画と設計の基礎　＞　5●データベース・ファイル設計

 3●データベースの種類　　　　　　　　　　テキスト第2章第5節

問題
37

以下の＜事例＞に基づくデータベースの名称として適切なものは、次のうちどれか。

＜事例＞

　ある企業には東京、大阪、札幌の3つの営業所が存在する。この企業では、売上データをフィールドが「営業所コード」、「売上コード」、「売上日」、「顧客コード」、「商品コード」、「数量」で構成されるテーブルで管理しているが、誤操作や誤動作などによるテーブル破損のリスクを低減するために、テーブルを営業所ごとに分割管理している。

　それぞれのテーブルは本社のファイルサーバーに置かれた同一のデータベースファイル内に格納され、それぞれの営業所からはVPN（Virtual Private Network）を通じてネットワーク経由でデータベースファイルにアクセスし、入力などの操作を行う。

　また、このデータベースでは、それぞれの売上テーブルが営業所テーブル、顧客テーブル、商品テーブルと結合され、売上帳票などが出力される構造となっている。

　なお、営業所テーブル、顧客テーブル、商品テーブルは、それぞれ1つのテーブルに一元管理されている。

ア．ネットワークデータベース
イ．リレーショナルデータベース
ウ．階層型データベース
エ．多次元データベース

解答●p.146

4●リレーショナルデータベースの設計

以下の＜事例＞において、作成すべきデータベースにおけるテーブルの構造に関する記述として適切なものは、次のうちどれか。
ただし、選択肢には、最初にテーブル名、その後に続く（　　）の中にフィールド名が記述されているものとする。

＜事例＞

A商店では、これまで以下のような売上伝票を手書きで作成し、売上管理を行ってきた。ところが、近年売上件数が増加し、このような伝票を売上の都度作成することが困難となってきた。そこで、パソコン用のRDBMS（Relational DataBase Management System）を使用し、売上管理を行うこととした。

売上伝票

売上伝票番号	69863
売上日	平成29年10月1日
得意先名	○○○　株式会社

No.	商品名	単価	数量	金額
1	コピー用紙	@500	5	2,500
2	プリンタトナー	@5,160	2	10,320
3	扇風機	@7,400	1	7,400
4	電卓	@1,980	1	1,980
		合　計		22,200
		値　引(※)		△ 200
		差引金額		22,000
		消費税等（8％）		1,760
		売上金額		23,760

※値引額は、売上の合計金額によって決定される。

ア．売上伝票テーブル（売上伝票番号，売上日，得意先コード）
　　売上明細テーブル（売上伝票番号，明細番号，商品コード，数量，値引）
　　商品テーブル（商品コード，商品名，単価）
　　得意先テーブル（得意先コード，得意先名，得意先住所，得意先電話番号）

イ．売上伝票テーブル（売上伝票番号，売上日，得意先コード，値引）
　　売上明細テーブル（売上伝票番号，明細番号，商品コード）
　　商品テーブル（商品コード，商品名，単価，数量）
　　得意先テーブル（得意先コード，得意先名，得意先住所，得意先電話番号）

ウ．売上伝票テーブル（売上伝票番号，売上日，得意先コード，値引）
　　売上明細テーブル（売上伝票番号，明細番号，商品コード，数量）
　　商品テーブル（商品コード，商品名，単価）
　　得意先テーブル（得意先コード，得意先名，得意先住所，得意先電話番号）

エ．売上伝票テーブル（売上伝票番号，売上日，得意先コード）
　　売上明細テーブル（売上伝票番号，明細番号，商品コード，値引）
　　商品テーブル（商品コード，商品名，単価，数量）
　　得意先テーブル（得意先コード，得意先名，得意先住所，得意先電話番号）

解答 ● p.148

5●データベースの活用

「売上表」と「得意先表」という2つのテーブルを両方のテーブルに含まれる「得意先コード」というフィールドで結合し、商品コードが「458」の商品だけを取り出して、「得意先名」と「数量」フィールドを列とする表を作成したい場合、該当するSQLに関する記述として適切なものは、次のうちどれか。

ただし、SQLの表記については、判別しやすいように文字を拡大している。また、アルファベットとその他の記号は、半角で表示している。

ア．SELECT 得意先名 数量
　　FROM 売上表 得意先表
　　WHERE 売上表.得意先コード=得意先表.得意先コード
　　AND 商品コード=458;

イ．SELECT 得意先名 数量
　　FROM 売上表 得意先表
　　WHERE 売上表,得意先コード=得意先表,得意先コード
　　AND 商品コード=458;

ウ．SELECT 得意先名,数量
　　FROM 売上表,得意先表
　　WHERE 売上表,得意先コード=得意先表,得意先コード
　　AND 商品コード=458;

エ．SELECT 得意先名,数量
　　FROM 売上表,得意先表
　　WHERE 売上表.得意先コード=得意先表.得意先コード
　　AND 商品コード=458;

解答 ● p.150

オンライン書店の利用者から、「商品検索や在庫状況確認に時間がかかる」、「注文をもっと短時間で行えるようにしてほしい」という要望が多くあったことから、システムの調査・改善を行うことにした。この場合の対処方法として不適切なものは、次のうちどれか。

ア．各時間帯におけるユーザー数を計測し、負荷がピークになる時間帯に他のジョブが動いているようであれば、別の時間帯へ移動する。

イ．商品検索を行うWebページに対処方法の1つとしてAjaxを導入し、結果表示画面をスムーズに表示できるようにする。

ウ．前回利用したときの情報をデータベースに記録しておき、配送先、支払い方法等の入力を省けるようにする。さらに、支払い方法の確認画面をなくし、注文を確定するまでの確認画面数と確認項目数とを減らす。

エ．商品検索を行う画面において、絞り込み条件を詳細に設定できるようにし、表示される商品数を減らす。

解答 ● p.151

H26後

下図は、稼働率RaとRbの機器から構成されているコンピュータシステムである。このコンピュータシステムの稼働率の計算式として適切なものは、次のうちどれか。

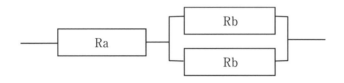

ア．Ra／（Rb＋Rb）
イ．Ra×（1－（1－Rb）×（1－Rb））
ウ．Rb×（1－（1－Ra）×（1－Ra））
エ．1／（Ra×Rb＋Rb）

解答 p.152

5●高信頼性システムに必要なシステム構成技術　テキスト第3章第1節

問題 **42**　H27前

デュプレックスシステムに関する記述として適切なものは、次のうちどれか。

ア．2系統のシステムを用い、一方を本番系として重要な処理を行い、他方は待機系として、障害時本番系に切り替えて処理を進めるシステム。

イ．2系統のシステムで同じ処理を行い、結果を照合確認しながら処理を進めるシステム。

ウ．1台のコンピュータが複数のCPUを持ち、複数の処理を同時に進めるシステム。

エ．複数系統のシステムを用い、各系統の負荷を分散させながら処理を行うシステム。

解答●p.153

問題 **43**　H29前

災害や障害発生時の対応計画を見直し、業務システムのデータの目標復旧時点（RPO: Recovery Point Objective）を48時間から24時間とした。この見直しへの対応として適切なものは、次のうちどれか。

ア．自家発電装置の燃料の備蓄を、48時間分から24時間分へ見直した。

イ．障害発生後にデータを復元する目標時間を、48時間から24時間に見直した。

ウ．業務データのバックアップを実施する間隔を、2日から1日に見直した。

エ．システム障害時の出勤対応者などの緊急対応体制について、障害発生後2日間から1日間に計画を短縮した。

解答●p.153

C●情報システムの運用・保守の基礎　＞　2●情報システムの運用を管理する

2●システム管理
テキスト第3章第2節

問題 44
H29後

ハードウェアやソフトウェアの調達方法に関する記述として不適切なものは、次のうちどれか。

ア．レンタルで調達した機器が故障した場合は、機器の利用者側の責任で修繕を行う。

イ．レンタル契約は、中途解約が可能である。

ウ．ソフトウェアは、ハードウェアと組み合わせることなくソフトウェア単独でリースが可能である。

エ．ハードウェアのリースは、リース期間満了時に、満了時より低額なリース料で契約を更新することができる。

解答●p.155

問題 45

H27前

以下の＜事例＞において、業務システムの保守担当者が事前にしておくべきこととして不要なものは、次のうちどれか。

　＜事例＞
　　A社では、5年前に業務システムを一新した。このシステムの構成は、F社のサーバーマシンにM社のオペレーティングシステム及び数種類のパッケージソフトとミドルウェアを入れ、S社のサーバーマシンにS社のオペレーティングシステムとO社のDBMSを入れている。データベースの内容は、F社のサーバーマシン上のパッケージソフトからも参照されている。
　　また、障害発生時でもシステムダウンしないように、各社のサーバーマ

シンを2台ずつ、計4台を運用系サーバーと待機系サーバーとして、まったく同じ内容で用意し、さらに各社のサーバーマシンのハードディスクは運用系と待機系でソフトウェアを用いてミラーリングをしている。

　今年、M社のオペレーティングシステムのメーカーサポートが終了することになったため、M社オペレーティングシステムのバージョンアップをすることになった。

ア．F社サーバーマシンに入っているパッケージソフトとミドルウェアが、新しいオペレーティングシステムのバージョンに対応しているか調査する。

イ．O社のDBMSが、M社の新しいオペレーティングシステムにも対応しているか調査する。

ウ．F社のサーバーマシンの性能が、新しいオペレーティングシステムとパッケージソフト、ミドルウェアを動かすのに十分であるか調査する。

エ．ミラーリングソフトが、M社の新しいオペレーティングシステムに対応しているか調査する。

解答 p.156

3●運行管理（オペレーション管理）　　　テキスト第3章第2節

問題 **46**　　　H27前

システム運用に関する記述として適切なものは、次のうちどれか。

ア．運用スケジュールの作成手順は、月間スケジュールの作成後、それを基に年間スケジュールを作成する。

イ．利用部門が臨時作業を依頼する場合は、日々の運用作業スケジュールを確認してから、作業依頼書の提出などの作業手続をとる。運用部門は、利用部門の責任者の承認があれば速やかに処理を実施する。

ウ．作業終了後に、スケジュールの管理担当者は実績に基づいて作業リストの消し込みを行う。また、作業に遅れが生じた場合は、その原因を責任者に報告する。

エ．スケジュール表、作業依頼などのオペレーション指示と実績に関する記録は、開発効率を分析する資料となるので、適切に保存し、進捗会議などで利用する。

解答● p.157

6 ● 障害管理
テキスト第3章第2節

以下の＜事例＞において、システム障害の発生原因、影響が大きく広がった要因のどちらにも該当しないものは、次のうちどれか。

＜事例＞

　A社では、顧客情報や在庫情報などを本部で運用するシステム（以下「本部システム」）で管理し、各営業店舗の端末から利用できるようにしている。本部システムは午前5時に本部のサーバー類を再起動し、各店舗では営業開始時刻の1時間前を目安に端末を起動している。

　ある営業日に営業開始時間が一番早い店舗Bで端末を起動し、本部システムに接続するためのID、パスワードを入力したところ、接続できなかった。その後、他の店舗も端末を起動したが、すべての店舗で接続できない状態であり、一日中、営業に支障が出てしまった。

　調査したところ、原因は本部システムの日付チェックプログラムが利用している有効期限管理ファイルの更新ミスで、前日までで有効期限が切れていることがわかった。

ア．店舗Bでは端末起動時に本部システムへ接続できなかったが、この店舗だけの問題と思い込み、すぐに本部へ連絡せず店舗内の技術者で原因調査をした。

イ．本部の運用管理部門と利用部門との間で、業務上のコミュニケーションが不十分であり、どちらが有効期限管理ファイルの更新をするのかはっきりと決めていなかった。

ウ．本部の運用管理部門では、本部システムの再起動後、各営業店舗で利用しているものと同様の端末から本部システムへの接続テストが行われていなかった。

エ．本部の運用管理部門では、過去に似たような障害が発生していなかった

かについて、障害管理台帳から探した後、原因調査を行った。

解答 ● p.158

3●ハードウェア資源管理
テキスト第3章第3節

仮想化技術を用いたサーバー環境の運用管理に関する記述として不適切なものは、次のうちどれか。

ア．仮想化技術によりゲストOSのCPUやメモリの割り当てを適宜増減させることで、利用状況の変化に柔軟かつ迅速に対応することができる。

イ．物理サーバーに障害が発生した場合でも、障害が発生したサーバーとは別の物理サーバーへ仮想マシンのバックアップをリストアすることで、迅速に処理環境を復旧させることができる。

ウ．処理能力に比較的余裕のある物理サーバーに他の物理サーバー上で稼働している負荷の少ない仮想マシンを統合し、物理サーバーの台数を減らすことにより、運用管理コストが削減できる。

エ．運用中に障害の予兆が発生していると思われる仮想サーバーが発見された場合、ライブマイグレーション（実行中の仮想マシンを別の物理サーバーへ停止することなく移行させる）の利用により仮想マシンを移動すれば、事前に障害回避することができるので、システムを二重化するよりも稼働率を上げることができる。

解答●p.159

C 情報システムの運用・保守の基礎 ＞ 3 情報システムの資源を管理する

4 ソフトウェア資源管理

テキスト第3章第3節

問題 49

H29前

ソフトウェアの利用に関する記述として適切なものは、次のうちどれか。

ア．無償ソフトウェアは、自由にソフトウェアを改変して利用することがで
きる。

イ．会社名義で購入した1台のPCに複製可能なソフトウェアは、同時に複
数人で使用しなければ、社内の複数のPCにインストールしておくことが
できる。

ウ．購入したソフトウェアは、メディアの破損に備えるためであれば複製を
作成することができる。

エ．オープンソフトウェアは、ソースコードが公開されているので、自由に
ソースコードを改変して利用や配布をすることができる。

解答 p.160

5●データ資源管理　　　　　　　　　　　　　テキスト第3章第3節

H27前

ある宅配会社では、インターネットを利用した荷物追跡サービスを提供している。追跡サービスを利用した顧客から、追跡結果の表示でエラーが発生して利用できないと連絡があったので、調査を行ったところ、ある営業所へ到着した荷物のデータベース登録処理中にシステムエラーが発生していた。復旧措置として、データベースのデータを障害発生直前の状態に戻すこととした。この対応の手順として適切なものは、次のうちどれか。

ア．障害発生直前のチェックポイントより前にコミットを発行しているトランザクションをロールバックし、障害発生時に処理中だったトランザクションのロールフォワードを行う。

イ．障害発生直前のチェックポイントより後にコミットを発行しているトランザクションをロールバックし、障害発生時に処理中だったトランザクションのロールフォワードを行う。

ウ．障害発生直前のチェックポイントより前にコミットを発行しているトランザクションをロールフォワードし、障害発生時に処理中だったトランザクションのロールバックを行う。

エ．障害発生直前のチェックポイントの後から障害発生までの間にコミットを発行しているトランザクションをロールフォワードし、障害発生時に処理中だったトランザクションのロールバックを行う。

解答●p.161

 **6 ● ネットワーク資源管理** テキスト第3章第3節

問題 **51**

国内で無線機器を使用する場合、電波法第38条の2に基づく「無線局機器に関する基準認証制度」（以下「認証制度」）に適合した無線機器を使用する必要がある。無線機器の調達や認証制度について適切なものは、次のうちどれか。

ア．Bluetooth機器は、認証制度の対象ではない。

イ．他国製のスマートフォンや携帯電話は、認証制度の対象ではない。

ウ．無線機器は、下の技適マークが付けられている機器を調達する。

エ．適切な管理者のいる法人で調達するコードレス電話機は、認証制度の対象ではない。

＜技適マーク＞

解答 ● p.162

キャパシティ管理の活動で行われる作業や手法に関する記述として不適切なものは、次のうちどれか。

ア．事業戦略やトレンドの分析
イ．格差課金
ウ．外部記憶装置のRAID1構成
エ．インフラストラクチャの動作状況の監視

解答 ● p.163

以下の＜事例＞において、運用側から開発側に出す要望として不適切なものは、次のうちどれか。

＜事例＞
　A社で新たに導入するシステムでは、営業終了後に、不要となったデータベースのレコードとファイルの整理及びサーバーのハードディスクの情報について別のサーバーのハードディスクにバックアップを行う。その後、営業開始時間までにサーバーを再起動する。再起動が機器障害以外で失敗した場合は、営業開始時間までにバックアップからデータを復旧しサーバーを起動することとした。
　運用管理担当者とユーザー側の担当者が運用テストを行ったところ、データベースのレコードをバックアップからサーバーのハードディスクへ戻さなければならなくなった場合に時間がかかり、営業開始時刻に間に合わないということがわかった。

ア．バックアップやリストアに必要な時間短縮のために、バックアップやリストアを、ユーティリティの利用などでより短時間で行う方法へ見直すように依頼する。

イ．ハードディスクがRAID5であったので、データの書き込みに時間がかかっていることが考えられる。よって、別のデータ保護方式に変更依頼する。

ウ．一連の処理を監視していたところ、スラッシングが頻繁に発生していることがわかったので、メモリを増設するように依頼する。

エ．バックアップを取っているディスクからの読み出しに時間がかかっていたので、データを圧縮してバックアップを取るように変更依頼する。

解答 p.164

H20後

ハードウェア資源の保守に関する次の記述のうち、誤っているものを選びなさい。

ア．決められた使用回数や累積使用時間を経たハードウェアを交換することを経時保守という。

イ．ハードウェアの稼動状況を見ながら、適宜、消耗品の交換などを行うことを状態監視保守という。

ウ．ある程度の正確さで故障の発生が予測できる場合に、消耗品や予備品などを確保しておき、故障が発生したらすぐに取り替えられるようにしておくことを計画保守という。

エ．決められた使用回数や耐久期間が近くなったハードウェアを交換することは予防保守である。

解答●p.185

H25前

ソフトウェア資源の保守に関する記述として不適切なものは、次のうちどれか。

ア．現行のアプリケーションソフトウェアに新機能を追加後、既存部分に障害が出た場合には、「経時保守」を行う。

イ．出力用紙の形式の変更に伴い、新しい出力用紙の形式に合わせて、アプリケーションソフトウェアの「適応保守」を行う。

ウ．業務拡大に伴い、アプリケーションソフトウェアが行う処理件数が増えたことから、業務アプリケーションソフトウェアのレスポンスを向上させ

　る「完全化保守」を行う。

エ．現行のアプリケーションソフトウェアを使い続けると、障害が発生する
　　可能性があると判明したことから、「予防保守」を行う。

解答 ● p.166

4 サービスレベルの管理

テキスト第3章第4節

問題 56

H25前

システム運用管理に関する記述として不適切なものは、次のうちどれか。

ア．ITサービスの品質水準は、費用対効果を検討する中で、費用を最優先に決める。

イ．サービスレベル合意書に、ITサービスの提供時間、障害発生時の復旧時間、ヘルプデスクの応答時間等を品質目標として記載する。

ウ．システム運用管理を外部に委託する場合には、委託先との間で、サービスレベル合意書によりサービス水準を明確にする。

エ．サービスレベル合意書に、緊急時の対処方法を記載する。

 解答 P.187

問題 57

H29後

ITサービスにおけるSLA（Service Level Agreement）に関する記述として不適切なものは、次のうちどれか。

ア．SLAは、顧客が要求するサービスの水準で、サービス提供者が守るべき目標としてまとめたものである。

イ．SLAは、SLAの適用範囲、サービス時間、サービスの可用性、信頼性、利用者へのサポート方法などについて達成目標を定める。

ウ．SLAは、サービスの提供者と顧客の間で合意することが必須である。

エ．SLAの各サービス水準は、計測可能なものとする。

解答 P.188

C●情報システムの運用・保守の基礎　＞　5●セキュリティ管理

 1●**情報セキュリティ管理とは**　　　テキスト第3章第5節

問題 58　

情報セキュリティポリシーに関する記述として不適切なものは、次のうちどれか。

ア．情報セキュリティ基本方針は、経営者が情報セキュリティに関する組織の取り組み姿勢及び組織全体に関わることを記述する。

イ．情報セキュリティ対策基準は、情報セキュリティ基本方針の目的を受けて、何を実施しなければならないかについて、その具体的な対策をルール化するものである。

ウ．情報セキュリティ実施手順は、広義の情報セキュリティポリシーに含まれ、対策基準の規定をどのように実施するかについて、その手順を記述するものである。

エ．情報セキュリティポリシーは、組織内の方針や取り組みを記載したものであり、組織外に対して公開は行わない。

解答●p.169

C●情報システムの運用・保守の基礎　＞　5●セキュリティ管理

３●情報セキュリティ対策の手法　　　　　テキスト第3章第5節

問題
59

H29後

A社では、自社で運用するWebシステムに電子商取引機能を追加すること
にした。この電子商取引の導入に当たって、新たに不正アクセスや管理対象
となる顧客情報などの改ざんや漏洩の防止のために採用すべきセキュリティ
対策として最も不適切なものは、次のうちどれか。

ア．IDS（Intrusion Detection System）を導入する。
イ．オペレーティングシステムのアップデートを適切に行う。
ウ．利用者認証方法に、二段階認証を採用する。
エ．TLS（Transport Layer Security）を利用した通信を採用する。

解答●p.171

問題
60

H29後

以下の＜事例＞に基づく、不具合事象とそれにより発生するおそれのある障
害についての記述として不適切なものは、次のうちどれか。

＜事例＞
　A社では350名の社員全員にパソコンを１台ずつ支給し、社内LANに接
続している。
　また、社内LANとインターネットの間にはファイアウォールが導入さ
れている。A社のコンピュータルームにはメールサーバー、ファイルサー
バー、DNSサーバー、プロキシサーバー、DHCPサーバーなど、業務に必
要なサーバー類が設置してある。
　A社では、サーバーなどの機器の不具合事象によって、様々な障害が発
生している。

ア．空調機が停止したために、コンピュータルームの室温が高くなり、サーバーのCPUが暴走を起こす。

イ．SMTPサーバーが停止したため、外部へのメールの送信に不具合が発生する。

ウ．プロキシサーバーに不具合が起きたため、パソコンにIPアドレスが正常に割り当てられなくなる。

エ．DNSサーバーに不具合が起きたため、ドメイン名でのアクセスができなくなる。

解答 p.172

A社では、営業担当者にモバイルパソコンを配布して業務に役立てることにした。モバイルパソコンの業務での使用における情報漏洩のリスクが最も低いものは、次のうちどれか。

ア．外出先から、顧客情報が本文に記載されたテキスト形式のメールを、会社あてに送信する。

イ．外出先からVPN（Virtual Private Network）で会社のサーバーに接続して、顧客データを参照する。

ウ．社内LANから共有フォルダにアクセスして、内蔵ハードディスクに顧客データを取り込む。

エ．顧客情報の入ったメールを、POP（Post Office Protocol）で受信する。

解答 p.173

技術的セキュリティに関する記述として不適切なものは、次のうちどれか。

ア．VPNとは、ネットワーク上に仮想的な専用線を構築して、ネットワーク上の他の通信と隔離して通信データの安全性を高める技術である。

イ．マルウェアとは、システムの中に潜在して、意図しない動作を起こすプログラムの総称である。

ウ．ユーザー認証とは、パスワード、暗証番号などを用いて本人確認を行うことである。

エ．ファイアウォールとは、許可したパケットを通過させ、許可していないパケットを遮断する技術である。

解答 ●p.173

物理的及び環境的セキュリティに関する記述として不適切なものは、次のうちどれか。

ア．セキュリティを保つべき領域には、物理的な領域区分、入退制限、室内及び作業上の情報保護、受渡場所の管理など情報保護のための対策を実施する。

イ．装置のセキュリティ対策としては、パソコン、サーバー、ネットワークなどの故障、盗難、機器からのデータ流出などから保護するための対策を実施する。

ウ．物理的なバックアップ対策としては、情報資産の外部保管、バックアップコンピュータの外部設置などの対策を実施する。

エ．環境的対策としては、地震、台風、洪水、落雷、火災、感染症蔓延、暴動などで、組織内での勤務や通勤が困難な際の従業員の行動計画の作成や演習をする。

解答 ●p.174

H26前

モバイルパソコンの使用に関する記述として適切なものは、次のうちどれか。

ア．自宅で無線LANを使用する際、暗号化の方式としてWPA 2 とWEPの2種類が利用可能であったため、より安全性の高いWEPを選択して接続した。

イ．インストールされているウイルス対策ソフトにファイアウォール機能が付いていたため、OS標準のファイアウォール機能を無効にして、ウイルス対策ソフトのファイアウォール機能を有効にした。

ウ．外出先の建物で無線LANの電波を探索したところ、事前設定をしなくても接続できるアクセスポイントがあったため、このアクセスポイントを使用してインターネットに接続した。

エ．インターネットに接続してWebメールを使用したあと、ユーザー名・パスワードの再入力の手間を省くため、サイトのユーザー名・パスワードをブラウザに保存するよう設定した。

解答 p.175

H26前

顧客情報の取り扱いに関する記述として適切なものは、次のうちどれか。

ア．電子メールのフィルタリング機能が設定されていれば、顧客情報が含まれているファイルをそのままメールで送っても安全である。

イ．顧客情報を扱っていたパソコンを廃棄業者に引き渡す際、ハードディスクをフォーマットした。

ウ．顧客情報が入っているファイルを、閲覧が認められた社員のみがいつでもアクセスできる場所に保存しておいた。

エ．顧客情報を入力中に席を一時的に離れる際、他の人に入力中のデータを

見られないよう、該当のウィンドウを最小化して離席した。

解答 p.176

以下の＜事例＞において、企業名が特定される原因となった情報として適切なものは、次のうちどれか。

＜事例＞

　企業Aのある社員が、会社のパソコンからインターネットにアクセスし、wikiで構築された誰もが編集できるWebサイトに書き込みをしたところ、後日、書き込まれた投稿が誹謗中傷にあたる不適切な内容であるとして大きな問題となり、サーバーに記録されている情報をもとに企業名が特定され、ニュースで企業名が公表された。

ア．ユーザーエージェント
イ．IPアドレス
ウ．リンク元URL
エ．アクセス日時

解答 p.177

著作権法に抵触する行為に該当するものは、次のうちどれか。

ア．政府の発行する白書の中の数値データを用いて、出所を明確にしてグラフを作成し、2014年に自分が公開しているWebページに掲載した。
イ．法律の条文を他人のサイトからコピーして、2014年に自分が公開しているWebページに掲載した。
ウ．1960年に公開された映画を、2014年に自分が公開しているWebページ

　に掲載した。

エ．江戸時代の浮世絵を写真撮影し、2014年に自分が公開しているWebペー
　　ジに掲載した。

解答 ● p.178

1 ● 業務アプリケーションとは　　　　　　　　　　テキスト第4章第1節

問題
68

H24後

以下の＜事例＞において、ERPパッケージの導入時における既存システムの取り扱いに関する記述として適切なものは、次のうちどれか。

＜事例＞

　A社では、物流システムに関してERPパッケージ（Enterprise Resource Planning package）の導入を検討している。現在導入している財務会計システムは、自社で独自に開発したもので、出張等に伴う交通費、宿泊費、電話代、日当等の出張旅費等については、「出張旅費等精算システム」（以下「既存システム」）が、財務会計システムのサブシステムとして稼働している。

　既存システムは、電子伝票を採用することにより、上司や管理部門による確認や承認作業にワークフロー機能を採用している。また、出張旅費等の仮払いや精算については、直接金銭の授受を行わず、インターネットバンキングに連動してキャッシュレス化を実現している。さらに、仮払いや精算の状況を瞬時に画面で確認できる等の各種の管理ツールを用意している。

　既存システムは、使用頻度が比較的高く、操作性についても評判がよいが、今回、導入を検討しているERPパッケージには、このような機能はない。

ア．ERPで実現できる部分は、パラメータ設定によるカスタマイズを行うが、実現不可能な部分については、モディフィケーションする。

イ．ERP上で、既存システムと同様の機能を持ったシステムを、最初からモディフィケーションする。

ウ．既存システムを改変して、ERPのアドオン機能として残す。

エ．既存システムは、ERPのビジネスモデルにない機能なので、使用は中止する。

解答 ● p.179

D ● 業務アプリケーションの活用と選定の基礎 ＞ 1 ● 業務アプリケーションの基礎

2 ● 業務アプリケーションの構成　テキスト第4章第1節

ERPパッケージにはいくつかのタイプがあり、大別すると①業務統合型、②基盤提供型、③特定業務中心型、④部品提供型の4種類に分類できる。各タイプの説明として不適切なものは、次のうちどれか。

ア．①業務統合型：カスタマイズを一切許さないで、業務をパッケージの提供するビジネスプロセスに合わせるタイプ

イ．②基盤提供型：手作りのシステムとの親和性を高めることにより、インフラツールを提供するタイプ

ウ．③特定業務中心型：機能を特定の業務に特化したものに絞り込み、後で他の業務機能を付加するタイプ

エ．④部品提供型：業務を細かいソフトウェア部品に分解して提供し、それら部品を組み立てていくタイプ

解答 ● p.180

H27後

ERP（Enterprise Resource Planning）パッケージの機能に関する以下の表において、（　　）の中に当てはまる語句の組み合わせとして適切なものは、次のうちどれか。

表

（ a ）	（ b ）	（ c ）	（ d ）	（ e ）
支払条件	従業員リスト	品目管理	ドキュメントエディタ	ユーザー登録
預金	勤怠管理	価格表		使用権限管理
小切手	電話番号リスト	入出庫管理	ユーザー定義項目	ライセンス
手形		ピッキング		アドオン

	（ a ）	（ b ）	（ c ）	（ d ）	（ e ）
ア．	購買	給与管理	在庫	ツール	ワークフロー
イ．	購買	給与管理	生産	レポート	システム管理
ウ．	入出金	人的資源管理	在庫	ツール	システム管理
エ．	入出金	人的資源管理	生産	レポート	ワークフロー

解答 ● p.181

3 ● 導入手順　　　　　　　　　　　　　　　　　　　テキスト第4章第1節

「企業の課題」とそれを解決するための「ソリューション」に関する記述として適切なものは、次のうちどれか。

ア．顧客ごとに異なるニーズを把握して、顧客と自社との関係を深めるためにERPを導入する。

イ．物流や生産、販売などの基幹業務をグループ会社内で統合管理するためにEDIを導入する。

ウ．営業担当者と顧客とのコンタクト履歴や商談状況の情報などを共有するためにSFAを導入する。

エ．受発注や請求書、納品書など企業間の取引データをオンラインでやり取りするためにCRMを導入する。

解答 ● p.182

一般企業の経理財務部門の業務に関する記述として不適切なものは、次のうちどれか。

ア．買掛金は受け取った請求書に従って支払いが行われるが、支払側と請求側企業との間で締め日、請求書発行日、支払日、支払条件などルールの違いがあるので、請求側企業の資金調達との関連で注意が必要である。

イ．支払債権の支払いのために一定日数前の資金準備が必要であるが、もし資金準備が十分でない場合には、給与などの人件費の支払いは、一般の支払債権より優先させなければならないので注意が必要である。

ウ．一般経費の中には契約に従って定期的に支払いが行われるものがあるが、必ずしも一定期日とは限らず、口座引落しのリース料、保守料などは、契約切れであっても支払われているケースもあるので注意が必要である。

エ．請求書の発行後、該当する売掛金の入金を確認し該当の売掛金を消し込む際、請求先と振込みの名称が一致しないこともあるが、請求の金額と入金の金額は一致しなければ消し込むことはできないので注意が必要である。

解答●p.183

総務・人事労務・経理財務部門への情報システム導入に関する記述として最も不適切なものは、次のうちどれか。

ア．人事部門の社会保険関係システムについては、汎用的な業務処理をしており、また、社会保険関係は規則の改訂が多いことから、パッケージソフ

トの利用を検討する。

イ．経理財務部門システムについては、パッケージソフトの採用を検討し、業界独自の取引や有力取引先のルールに適応したものがない場合には、カスタマイズの容易なパッケージを選択する

ウ．総務システムについては、非定型業務や自社独自の業務処理が多く、パッケージソフトでは適応できない場合には、これらの業務を処理するシステムの開発を外部に委託する。

エ．人事評価システムについては、自社独自の方法に合致するパッケージソフトがない場合には、優れた評価の仕組みを持つものがあることから、これを機に業務改善を担当部門中心に検討する。

解答 p.184

H23後

以下の＜事例＞を読み、経理処理のアドバイスに関する記述として不適切なものは、次のうちどれか。

＜事例＞

A社は、自動車部品の製造業である。同社は、5種類の規格品を反復生産している。

同社では、素材や部品の購買・在庫管理及び製品の販売管理については、X社のパッケージソフトを、給与計算については、Y社のパッケージソフトを使用し、財務諸表の作成や税務申告については、従前から、税理士事務所にアウトソーシングしている。また、資金繰りや原価管理については、表計算ソフトを使用して独自に行っている。

同社は、財務会計情報をタイムリーに把握するため、自社で経理処理することを検討している。

ア．大量の購買データや販売データを財務会計ソフトへ取り込むためには、データ連携機能を備えたX社の財務会計ソフトを導入するとよい。

イ．表計算ソフトで行ってきた原価管理を、財務データと連動して集計する

ためには、個別原価管理機能のある財務会計ソフトを導入するとよい。

ウ．パッケージソフトに比べて、導入コストを低く抑えるためには、SaaS
　（Software as a Service）型の財務会計ソフトを導入するとよい。

エ．資金と時間に余裕があれば、購買、販売、財務等の基幹業務の情報を一
　元管理するために、ERP（Enterprise Resource Planning）パッケージソ
　フトを導入するとよい。

解答 p.186

D●業務アプリケーションの活用と選定の基礎　＞　1●業務アプリケーションの基礎

5●業務アプリケーション開発に関連する技術　　テキスト第4章第1節

問題
75

スマートフォンでの閲覧に対応したWebサイトを作成する際に、文書の内容を記述するための言語として適切なものは、次のうちどれか。

ア．HTML5
イ．XML Schema
ウ．CSS3
エ．RSS2.0

解答●p.186

製造の流れ テキスト第4章第2節

問題 **76** H29前

以下の＜事例＞における新たなロット管理システムのロット番号に関する記述として不適切なものは、次のうちどれか。

＜事例＞
　A社は、大手化学品メーカーに中間素材を製造し納入する製造業である。製造する自社製品の製品ロット情報と調達品の原材料ロット情報を個別に表計算ソフトで管理してきた。しかし、納入品の品質などの不具合があった場合、大手化学品メーカーからは、より詳細なロット情報とより迅速な報告が求められるようになってきた。そこでA社は、正確かつ迅速なロットトレースを行うための方策を取り入れた、新たなロット管理システムを構築することとした。

ア．製品と原材料のロット番号は、入力を簡便かつ正確にするため、製品ロット番号は製造日単位に、原材料ロット番号は仕入日単位にシステムで自動付番する。
イ．製品ロット番号は、原材料ロット番号と製品対応がとれるよう、製造時に投入する原材料のロット番号が変わる都度、付与し直す。
ウ．製品ロット番号及び原材料ロット番号は、バーコード化し、システム入力を簡便かつ正確にするため、バーコードリーダーを導入する。
エ．製品のトラブルや瑕疵が発生したときの影響を正確かつ迅速に分析するため、製品ロット番号を出荷ファイルに保持し、出荷データと対比できるようにする。

解答●p.187

問題 **77**

H29後

以下の＜図表＞のＡからＤの矢印に該当する情報の組み合わせとして適切な
ものは、次のうちどれか。

＜図表＞製造メーカーと部品販売会社間の受発注業務と情報のデータ交換例

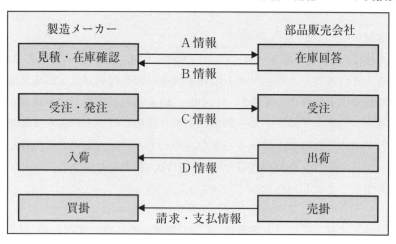

ア．Ａ：引合情報　　Ｂ：在庫情報　　Ｃ：受注情報　　Ｄ：入荷情報
イ．Ａ：在庫情報　　Ｂ：引合情報　　Ｃ：発注情報　　Ｄ：入荷情報
ウ．Ａ：引合情報　　Ｂ：在庫情報　　Ｃ：発注情報　　Ｄ：納品情報
エ．Ａ：在庫情報　　Ｂ：引合情報　　Ｃ：受注情報　　Ｄ：納品情報

解答 ● p.188

問題 **78**

H29前

SCM（Supply Chain Management）に関する記述として不適切なものは、
次のうちどれか。

ア．SCMとは、製造業や流通業において、商品などの供給の流れに関する情報を共有化することにより、サプライチェーン全体の経営効果を最適化するための戦略的経営手法のことである。

イ．SCMのパッケージソフトには、計画系と実行系とがあり、需要予測、受注管理、生産計画、在庫管理、補充計画、配送管理などの機能が用意されている。

ウ．製造元、仕入先、供給先などにおいて、生産計画、方針、思惑などがそれぞれ異なると、全体の最適化が図れず、うまく機能しない。

エ．SCM導入における最大の目的は、サプライチェーンに関わる各企業の情報共有を進めることによる在庫の削減である。

製造業における在庫管理機能に関する記述として適切なものは、次のうちどれか。

ア．棚卸資産の在庫回転率は、在庫レベルを見る指標であり、回転率が多いほど在庫の効率がよいことになり、次の式で算出される。

　　　在庫回転率＝在庫金額÷出庫金額

イ．定量発注方式の発注点は、調達期間中の需要予測量と安全在庫量の和として求められ、実在庫が発注点を下回った時点で一定量を発注する方式である。

ウ．定期発注方式は、あらかじめ定められた発注間隔で、発注の都度、発注量を算出して発注する方式であり、発注量は次の式で算出される。

　　　発注量＝（発注間隔＋調達リードタイム）期間内の使用予定量＋安全在庫－現在の在庫量－現在の発注残

エ．棚卸資産の在庫評価として最も実態に近い評価方法とされる先入先出法は、先に入った順番で払い出しが行われ、棚卸資産は最も古く取得されたものからなるとみなして、期末の棚卸資産額を算定する。

D ●業務アプリケーションの活用と選定の基礎 ＞ 3 ●販売活動の業務アプリケーション

2 ●販売活動にかかわるシステム

テキスト第4章第3節

 問題 80

 H29前

顧客とのコンタクト履歴、商談状況などの情報共有、活用によって営業活動の支援を行うものとして適切なものは、次のうちどれか。

ア．CRM
イ．ERP
ウ．SCM
エ．SFA

解答 ● p.191

 問題 81

 H26後

企業間取引業務に関する記述として不適切なものは、次のうちどれか。

ア．売主が買主から注文を受けた場合には、必要に応じて注文請書を発行し、買主に送る。
イ．買主は、請求書に記載された支払条件に基づき支払処理を行う。
ウ．売主が入金を確認した場合には、受領書を発行して買主に送る。
エ．売主が商品を納品する場合には、納品書あるいは納品書兼請求書を発行し、買主に送る。

解答 ● p.192

次の事例において、インターネットを利用した追跡サービスを始めたことによる利点として、不適切なものは次のうちどれか。

<事例>

運送会社の配達荷物受付・配送システムを開発した。この会社ではインターネットを利用して、伝票に付与された伝票番号をもとに荷物の追跡サービスを行っている。営業所窓口で受け付けた荷物には、その場で伝票を印刷して貼付し、同時に伝票番号をシステムに登録する。代理店で受け付けた荷物は集荷係が受取時に携帯型端末で伝票番号をシステムに登録することになっている。

また、荷物が営業所や配送センターに到着したとき、出発したとき、送付先へ到着したときにデータベースへデータを登録する。

ア．お客様からの電話による問い合わせが減少したことにより、煩雑な対応作業と電話回線数を減らすことができ、コスト削減につながる。

イ．営業時間外でもお客様が自由に追跡サービスを利用できるため、お問い合わせサービスの品質向上につながる。

ウ．業務システムが常にインターネットに接続することに伴い、社内でセキュリティに関する講習会を実施した。これによりセキュリティに対する意識が向上し、危機管理強化につながる。

エ．追跡サービス以外の問い合わせもメールで送られてくることが多くなり、お客様への返信が迅速にできるようになる。

解答 p.192

4 ● 販売活動を支える技術や規格　　テキスト第4章第3節

問題
83

H28前

POSシステムに関する記述として不適切なものは、次のうちどれか。

ア．POSターミナルでは、商品情報以外に従業員情報を収集することができるが、基本的に顧客の性別や年齢層といった顧客属性情報を収集することはできない。

イ．商品コードに対応した商品名や単価などの情報は、ストアコントローラに保存され、基本的にPOSターミナルには保存されていない。

ウ．ホストコンピュータは、本社や本部に設置され、各店舗から送られてくる売上情報を集中管理し、メーカーや卸売業への商品発注の処理機能も保持している。

エ．ストアコントローラは、従業員の勤務管理や給与計算、店舗の陳列管理などを支援する機能を含んでいる。

解答 ● p.194

SNSを活用した「アクティブサポート」の実践に関する記述として適切なものは、次のうちどれか。

ア．公式アカウントにおけるツイートやフォロワーからのコメントに対する返信を積極的に行う。

イ．SNSで商品名を検索し、商品の使い方がわからないという内容の投稿やつぶやきを見つけた場合、そのユーザーに対し、担当者から使い方のアドバイスをする。

ウ．自社商品のキャンペーンを実施する際に、自社商品に関する投稿やつぶやきをしているユーザーに対して、キャンペーン実施中の情報を一斉に投稿する。

エ．一般に利用されている各種のSNSのほとんどに自社の公式アカウントを作成して、自社商品のユーザーからのコメントや投稿を幅広く受け付ける。

解答●p.196

D ● 業務アプリケーションの活用と選定の基礎 ＞ 4 ● 物流業務のアプリケーションの基礎

4 ● 支える技術

テキスト第4章第4節

問題 85

H26後

バーコードに関する記述として不適切なものは、次のうちどれか。

ア．調味料は、ソースマーキングされているものが多い。

イ．魚の切り身などの店舗内で加工、販売される生鮮食品は、インストアマーキングされることが多い。

ウ．近年は、QRコードと呼ばれる3次元バーコードも存在する。

エ．我が国のPOSシステムでは、共通商品コードであるJANコードが用いられる。

解答 ● p.197

3●情報の性質
テキスト第5章第1節

データとは、人が利用することができるメッセージで、特定の問題や状況に関して価値を持っていないもの、つまり数字や記号の羅列であり、それ自体は意味を持っていないものと定義できる。このようなデータは、いくつかの切り口から分類することができるが、分類方法として不適切なものは、次のうちどれか。

ア．表現形式による分類
イ．汎用性による分類
ウ．加工段階数による分類
エ．発生元による分類

解答●p.199

問題 87

以下の選択肢で説明されている＜　　＞内に表現されるデータとして不適切なものは、次のうちどれか。

ア．自社のWebサイトで実施したアンケートに記載されている＜生データ＞を基に、自社商品が市場で高い人気があることについてまとめた。
イ．Web上で公開されている調査報告書などの数値データである＜定性データ＞を基に、現在の市場の動向についてまとめた。
ウ．自社のマーケティング部門が実施したインタビュー調査から得られた＜一次データ＞を基に、自社商品が顧客にどのように評価されているかについてまとめた。
エ．官公庁がWeb上で公表している＜外部データ＞を基に、今後の市場の

将来性についてまとめた。

解答 p.199

 **情報のビジネス活用とは** テキスト第5章第2節

問題 **88**

ビジネスに活用するための情報の収集に関する記述として不適切なものは、次のうちどれか。

ア．仮説を立てるに当たり、1つの側面のみから情報を収集すると、偏った仮説を立ててしまうことにつながる恐れがあることから、多様な情報を収集するとよい。

イ．情報と情報とを組み合わせて新しい付加価値を作り出したり、いくつかの選択肢を比較・検討して意思決定したりするためには、できるだけ幅広い情報を収集するとよい。

ウ．情報を収集する過程においては、集められた情報を整理したり、仮説を立てたりしながら、不足している情報をさらに収集する等、情報を集めながら考えるとよい。

エ．情報を正確に集めて信頼性を高めるためには、情報の収集に多くの時間をかけることが最も重要である。

解答 p.201

E●情報活用の基礎　＞　2●情報のビジネス活用

3●データの収集

テキスト第5章第2節

問題 89

商用データベースに関する記述として不適切なものは、次のうちどれか。

ア．収録情報はテキストや数値だけでなく、地図、映像などマルチメディア
　　も含まれるようになった。

イ．インターネット経由の検索方式には、コマンド方式とメニュー選択方式
　　があるが、コマンド方式の方が初心者向けである。

ウ．有料ではあるが契約すれば誰でも利用が可能で、情報の信頼性や網羅性
　　が高く、最新で詳細な情報を入手することができる。

エ．市場動向調査、特許出願状況調査、流通経路調査、新製品開発動向調査、
　　人物調査などに利用することができる。

解答●p.202

4●データの分析

以下の＜事例＞において表計算ソフトを用いた分析に関する記述として不適切なものは、次のうちどれか。

＜事例＞

　ある店では、表計算ソフトを用いて売上管理を行っている。そのデータファイルであるスプレッドシートには売上日時、販売員、商品名、単価、数量、売上金額という列が設けられている。なお、売上金額の列には、単価と数量の積が計算されるように計算式が入力されている。

ア．商品を軸としたABC分析を行うためには、商品の売上個数を降順にソートしてデータを抽出する。

イ．単価と数量との相関分析を行うことで、単価の価格弾力性が求められる。

ウ．事例のデータから販売員ごとの売上金額を分析するためには、レーダーチャートが適している。

エ．事例のデータから一定期間の販売員ごと、商品ごとの売上金額の表を作成するためには、ピボットテーブルを使うことができる。

解答 p.204

E●情報活用の基礎 ＞ 2●情報のビジネス活用

5●情報のビジネス活用例

テキスト第5章第2節

データマイニングにより得られたと思われる情報に関する記述として適切なものは、次のうちどれか。

ア．紙おむつを買う人は、同時にビールを買うことが多い。

イ．一般に、面積の広い都道府県ほど、道路の総延長距離は長い。

ウ．例年、東日本において、梅雨期の雨量は、秋雨期の雨量より少ない。

エ．大学生の授業への出席率と成績とは、比例することが認められる。

マルチメディアとは　　テキスト第5章第3節

問題 **92**　

画像や動画の取り扱いに関する記述として適切なものは、次のうちどれか。

ア．自社の商品の魅力を多くの人に伝えるため、商品を実際に使用している
　シーンをデジタルビデオカメラで撮影し、撮影した動画ファイルを動画共
　有サイトに掲載することで、クチコミで広めてもらうことにした。

イ．取引先に渡す文書を作成する際、デジタルカメラで撮影した複数枚の商
　品の写真を、商品の細部が潰れないよう、写真を加工せずそのまま文書作
　成ソフトに貼り付け、メールにファイルを添付して送信した。

ウ．社内旅行の模様を自社のブログで紹介するために、デジタルカメラで行
　き先の風景を撮影したが、ぼやけて写っていたので、Webで同じ場所の
　風景の写真を探し出してブログに掲載した。

エ．自社のWebサイトの中に流行ファッションを動画で紹介するため、デ
　ジタルビデオカメラを使用して街を歩く人々の中から特徴的なファッショ
　ンをしている人をアップで撮影し、Webページに掲載した。

E●情報活用の基礎　＞　3●マルチメディアの基礎

4●マルチメディアの活用例　　　　　　　テキスト第5章第3節

 問題 **93**

 H26後

Webサイトを構成する各種ファイルの取り扱いに関する記述として適切なものは、次のうちどれか。

ア．HTMLで記述した文書ファイルを、HTML形式でわかりやすい日本語の名前を付けて保存し、Webサーバーにアップロードした。

イ．画像編集ソフトで作成したWebサイト用のイラストを、圧縮効率のよいGIF形式で保存し、Webサーバーにアップロードした。

ウ．デジタルカメラで撮影した写真を、劣化のないBMP形式で保存し、Webサイトで公開した。

エ．プロの演奏家による演奏会の様子を撮影した動画を、汎用性の高いMP4形式で保存し、演奏会の雰囲気を記述した文書と併せてブログに投稿した。

解答 ● p.209

4●メールの活用　　　　　　　　　　　テキスト第5章第4節

社内外の複数のメンバー内で文書ファイルをやり取りする場合において、メンバー以外の者に閲覧されないように、ファイルにパスワードを付加した上でメールに添付して送受信したいとき、利用するファイルの拡張子として不適切なものは、次のうちどれか。

ア．pdf
イ．zip
ウ．docx
エ．exe

解答●p.211

電子メールに関する記述として不適切なものは、次のうちどれか。

ア．多くのプロバイダーでは、スパムメール対策で「Outbound Port 25 Blocking」、「submission port（ポート番号587）」、「smtp認証」などが採用され、効果を上げている。
イ．電子メールで、POPやIMAPサーバーに対して、SSL（TLS）を使用することで、通信の暗号化がなされる。
ウ．電子メールでは、IMAPを利用することで、異なるクライアントから同じメールを読むことが可能である。なお、1つのクライアントで、新規メールを受信し、既読になっても、他のクライアントでは新規メールとして表示される。
エ．UTF-8や、画像などのバイナリデータを電子メールで送信する場合は、

　MIME（Multipurpose Internet Mail Extensions）と呼ばれる書式に従っ
てメッセージを作成、送信する必要がある。

解答 ● p.212

5●社内ネットワークの活用　テキスト第5章第4節

H29前

A社では、顧客が技術部門にクレームを入れていた情報を知らずに、営業が顧客訪問をしたため問題になった事案が発生した。このような問題の発生をなくすために、情報共有を推進することになった。クレーム情報共有の推進策として最も不適切なものは、次のうちどれか。

ア．メール、スケジューラ、ワークフローなど、情報の共有化でよく用いられているツールの利用を推進する。
イ．スマートフォンやタブレットで情報を入力・参照できるようにする。
ウ．部門を横断した形で情報を共有できるような情報基盤を整備する。
エ．クレーム情報に関し重要度・緊急度に基づく連絡網を構築する。

解答 p.214

問題 97

H29前

グループウェアに関する記述として不適切なものは、次のうちどれか。

ア．単独のSNS製品には、ポータルサイト、メール、ワークフロー、情報・ファイル共有などの機能はない場合が多いが、グループウェアでは標準的な機能である。
イ．シングルサインオンで、グループウェア機能だけでなく、業務システムも個別にログインする必要をなくすことができる。
ウ．内部統制の要求事項を実現するために、ワークフロー機能を導入した。
エ．クラウド環境のサーバーとオンプレミスのサーバーが連携することはセキュリティ上問題があるので、クラウド環境でグループウェアを導入する場合、サーバー連携はグループウェア内だけに限定される。

解答 p.214

グループウェアの特徴として不適切なものは、次のうちどれか。

ア．主な機能には、メール機能、掲示板機能、スケジューラ機能、ワークフロー機能、文書共有機能などがある。

イ．スケジュールやノウハウなどの様々な情報をデータベース化して共有することで、グループによる協調作業を支援することができる。

ウ．必ずしも全ての機能を採用する必要はなく、その企業にあった機能を選択して導入することができる。

エ．クラウド型グループウェアは、自社用のハードウェア及びソフトウェアをレンタルして事業者の施設に置いて利用するもので、初期費用や保守・運用費用を削減できる。

解答 p.216

E●情報活用の基礎 ＞ 5●ビジネスツールの活用

2●**文書作成** テキスト第5章第5節

H29前

文書ファイルをメールに添付して送付したところ、送付先から「ファイルが
おかしい」と連絡があった。この時に考えられる原因として不適切なものは、
次のうちどれか。

ア．機種依存文字が含まれていたため、ウイルスチェックに該当した。
イ．異なる文字コードによって文書が開かれたため文字化けが起きた。
ウ．文書作成ソフトが異なっていて相手先にコンバーターがなかった。
エ．ファイル名が文字化けして拡張子が不明なものになっていた。

解答● p.217

5●グラフ表現　　　　　　　　　　　　　　　　テキスト第5章第5節

問題
100

H25後

情報を視覚化する手法の1つであるグラフの利用に関する記述として不適切なものは、次のうちどれか。

ア．A社とB社の売上高、売上原価、営業利益、当期利益についての時系列の変化を比較するために、レーダーチャートを利用する。

イ．過去20年間におけるわが国の出生率の推移を示すために、折れ線グラフを利用する。

ウ．装置の故障原因を整理し、重要な原因に対して対策を検討するために、パレート図を利用する。

エ．今年度の一般管理費の各費目の予算額とその構成を比較するために、円グラフを利用する。

解答　p.218

ビジネス・キャリア®検定試験
解答・解説編

2●補助記憶装置

テキスト第1章第1節

問題 1 解答

H28前

正　解　ア

ポイント

・それぞれの用語はハードウェアの領域であるが、コンピュータを取り扱う際に必要となる知識である。

・本問は、情報システム技術者が理解しておくべき用語についての理解を問う問題である。

解　説

A．HDDでデータの保存と削除を頻繁に繰り返していると、大きなデータを連続した領域に入れることができず、空いている領域に分割して記録されるようになる。これをフラグメンテーション（断片化）という。断片化が多くなると、データの転送の効率が悪くなる。これを解消するために記憶領域を再編成することをデフラグメンテーションという。

B．CPUで用いるプログラムはメモリに存在する必要がある。しかし、それでは、メモリ容量よりも大きなプログラムや同時に多くのプログラムは実行できないことになる。そこで、プログラムをページという一定の大きさに分割し、必要な部分だけをメモリに入れ、不要になったものを磁気ディスクに戻す。これを自動的に行う仕組みを仮想記憶方式という。

C．Webページの閲覧をしながら表計算や画像処理をするというように、同時に多数のプログラムを実行するとページング（スワッピングともいう）が頻繁に行われ、本来の処理が止まってしまったように見える。この現象をスラッシングという。

ア．適切。

イ．不適切。

ウ．不適切。

エ．不適切。

問題 **2** 解答

正 解 イ

ポイント

・IT機器の取り扱いについては、各種記憶装置の特徴や構造を理解して、日常の操作や取り扱い、さらには故障時の対応等について問題なくできるレベルの知識が必要である。

・本問は、その知識を問う問題である。

解 説

ア．不正解。CD-RWは、直径12cmの樹脂製のディスクであり、記録面にレーザ（光）を照射して記録面にある色素を焦がしてデータを記録する。したがって、記録媒体に大きな傷を付けるような破壊をしなければデータは守られる。

イ．正解。ハードディスク装置は、極めて狭い間隔で磁気記録のされている円盤と、データの読み書きを行うヘッドがあるため、衝撃を受けたとき、これが接触し円盤に傷が付くことがある。その結果データの読み書きが不能になることがある。なお、衝撃を与えた後に正常に動作していても、傷により発生した塵により、後日になり破損する場合もある。特に動作中の落下では故障しやすいため、携帯用途のものでは注意が必要である。

ウ．不正解。SSDは、半導体素子を用いた記憶装置である。ディスクドライブのように物理的に回転する機構がないため、静音性が高く、衝撃に強い。また、HDDに比べて、高速かつ省電力の利点もある。ただし、書き換えに対する耐性やデータの保持期間はHDDに劣る。そのため、頻繁に更新されるサーバーでの利用には注意が必要である。

エ．不正解。USBメモリは、フラッシュメモリにUSBインターフェースを取り付けたものである。フラッシュメモリは電気的に内容の消去・書き込みができるICメモリであり、外部電源を供給しなくても記憶内容を保持できる不揮発性メモリの一種であり、内部の配線に損傷を与えるほどの衝撃を加えない限りデータは守られる。

A●IT活用の基礎 ＞ 1●コンピュータシステムの基礎

３●システム構成の種類
テキスト第1章第1節

問題
3　解答

H27後

正解　イ

ポイント

・アプリケーションプログラムやデータをすべてサーバーに置き、クライアントには、データの入力や結果を表示するWebブラウザを置くだけのシステムをシンクライアント（痩せたクライアント）と呼ぶ。
・本問は、このシンクライアントを導入することによるメリットを問う問題である。

解説

ア．適切。シンクライアントでは、アプリケーションプログラムがサーバーで実行されるため、個々のクライアント端末のCPUや主記憶装置の負荷が減る。また、アプリケーションプログラムとデータがすべてサーバーに置かれるため、個々のクライアント端末の補助記憶装置の容量を増やす必要がない。このため、クライアント端末のコストを低下させることができる。

イ．不適切。シンクライアントでは、データをすべてサーバーに置くので、データの分散化はなされていない。

ウ．適切。アプリケーションプログラムに関わるバージョンアップはサーバーで行えばよく、個々のクライアント端末でこれに関わる手間が減り、コストを低下させることができる。

エ．適切。個々のクライアント端末がデータを持たないため、外部記憶装置のインターフェースを個々のクライアントに設置しないようなシステム形態が可能となり、ウイルス侵入の機会を減らすことができる。

A●IT活用の基礎 ＞ 1●コンピュータシステムの基礎

4●高性能システム テキスト第1章第1節

問題 **4** 解答 H22前

正 解 ウ

ポイント

・バズワードとは、人に関心を持ってもらうため、もっともらしい説明が付けられた専門用語のことである。コンピュータの世界は技術進歩が速いので、たくさんのバズワードが散乱しているが、基本的なバズワードについては相互理解を進める上である程度理解しておくことが必要である。

・本問は、それを問う問題である。

解 説

ア．誤り。エンドユーザコンピューティングとは「企業内で、コンピュータシステムを利用して現場で実際に業務を行う者（エンドユーザ）が、自らシステムの構築や運用・管理に積極的に携わること」であり、問題文の説明とは異なる。

イ．誤り。クラウドコンピューティングとは、インターネットなどのネットワーク上のサーバーに存在するアプリケーションなどの資源を利用するテクノロジーのことで、問題文の説明とは異なる。

ウ．正しい。問題文の説明はグリッドコンピューティングのことであり、IT技術を駆使して電力の使用や供給をコントロールするスマートグリッドの考え方を分散コンピューティングに応用したテクノロジーである。

エ．誤り。ユビキタス（ubiquitous）とは、「（神のごとく）偏在する、どこにでもある」という意味である。ユビキタスコンピューティングやユビキタスネットワークとは、どこでも、いつでも、情報機器の存在を意識せずに、情報技術を利活用している環境のことである。

●参考文献

・IT用語辞典 e -Words（ウェブサイト）

A●IT活用の基礎 ＞ 2●情報システムの基礎

2●データ表現

 問題 **5** 解答

【 正 解 】 エ

ポイント

・コンピュータで扱う文字コードは数種類あるため、プログラム開発やシステムの運用では重要な知識である。しかし、ユーザーの立場でも情報の編集や保存時に文字コードを意識する必要がある。

・本問は、その基本的な知識を問う問題である。

解 説

ア．適切。ISO-2022-JPはメールシステムで主に使われる日本語に対応した文字コードである。

イ．適切。Unicodeは世界で使われるすべての文字を単一の文字集合にて利用できるようにすることを目的に構築されており、UTF-8やUTF-16などの形式で利用されている。

ウ．適切。EUCは名前のとおり、UNIXで利用される文字コードであり、EUC-JPなどが日本語対応している。

エ．不適切。シフトJISは全角文字とJIS X 0201で定義された半角カナを扱える。

A ● IT活用の基礎 ＞ 2 ● 情報システムの基礎

3 ● **プログラミング環境** テキスト第1章第2節

問題 **6** 解答

H29後

（ 正 解 ） ア

（ ポイント ）

・PCやサーバー上で動作するプログラム言語の種類や特徴を知ることで、ある程度の技術の進化やシステムの環境変化に対応できる能力を身につける必要がある。

・本問は、その知識を問う問題である。

（ 解 説 ）

ア．不適切。アセンブラ言語で、オブジェクト指向プログラミングを展開することは、原理的に考えれば可能である。しかし、オブジェクト指向環境のルールや制約を配慮してプログラミングをするのは至難である。

イ．適切。CGI（Common Gateway Interface）は、クライアント側のWebブラウザの要求に応じて、Webサーバーの外部プログラムを呼び出して実行し、その結果をHTTPを介してクライアント側に送信する仕組みのことである。

ウ．適切。デバッガーでも行えるが、簡単な処理の確認であればインタプリタモードで試すことができる。

エ．適切。スクリプト言語は簡易言語とも呼ばれ、JavaScript、Perl、Ruby等いくつかの種類があり、適用分野により向き不向きがある。

A●IT活用の基礎　>　3●ネットワーク技術の基礎

2●ネットワークの構成技術

問題 **7** 解答

正　解　　エ

ポイント

・実際の物理的なLANを構成する際には、接続機器に関する知識が求められる。

・本問は、LANの接続機器に関する知識を問う問題である。

解　説

ア．不適切。ハブは物理層でのLANの集線装置であるが、個々のクライアントはハブを中心にスター型に配線される。

イ．不適切。ブリッジはデータリンク層での接続機器であるが、宛先のIPアドレスを認識する機能は持たない。宛先のIPアドレスを認識する機能を持つのはルーターである。

ウ．不適切。ゲートウェイは上位層での接続機器であるが、異なるプロトコルを持つネットワークとの接続をする。

エ．適切。リピータは減衰した信号を増幅させて伝送距離を延長させる。

A●IT活用の基礎　＞　3●ネットワーク技術の基礎

4●無線技術

テキスト第1章第3節

問題 **8** 解答

H26前

正　解　ア

ポイント

・本問は、無線LANについての知識を問う問題である。
・IEEE802.11は無線LANの国際規約であり、その歴史的な変遷まで踏み込んだ問題で、3級問題としてはかなり難しいと考えられる。しかし、LAN機器などを直接小売店で購入する場合には必要な知識である。

解　説

ア．不適切。2000年当時無線LANの機器は高価であった。IEEE802.11bの通信速度の理論値は最大11MbpsでありIEEE802.11aの54Mbpsより遅いが、非常に低価格で市場に普及したので、この規格が主流になった。IEEE802.11aとIEEE802.11gの通信速度の理論値は最大54Mbpsである。

イ．適切。無線LANは当初メーカーごとに規格が違っていた。2000年当時標準化を目指してIEEE802.11aが策定されたが、ほぼ同じ時期にアップルから別規格（11ｂ）の製品が提供され、市場に認められたため新たな規格となった。

ウ．適切。ネットワークトポロジーとは、ネットワークの構成のことをいう。無線LANでは、ハブを中心に星形に結線されているスター型という構成を用いる。

エ．適切。パソコンをLANに接続するために必要なLANカードには、MACアドレスという世界中で固有の番号が付けられており、LANの内部（データリンク層）では、MACアドレスにより相手ホストを認識している。

●参考文献

・日立ソリューションズ「無線LAN構築ソリューション『無線LAN入門』」（ウェブサイト）

2●インターネットの構成技術

問題 9 解答

H28前

正 解 ア

ポイント

・大規模なLANから、個々のクライアントをインターネットに接続する際に IPアドレスを固定で割り付けるのは管理がやっかいである。
・本問は、これを避けるために登場したDHCPについての知識を問う問題である。

解 説

ア．適切。DHCP（Dynamic Host Configuration Protocol）は、個々のクライアントがインターネットに接続する際に自動的にIPアドレスを割り付けるプロトコルである。

イ．不適切。DNS（Domain Name System）は、ドメイン名とIPアドレスを相互に変換する（名前解決を行う）プロトコルである。

ウ．不適切。FTP（File Transfer Protocol）は、ファイル転送を行うプロトコルである。

エ．不適切。HTTP（Hyper Text Transfer Protocol）は、Webページの閲覧を行うためのプロトコルである。

問題 10 解答

H29前

正 解 エ

ポイント

・本問は、インターネットに関する基本的な知識を問う問題である。
・「https://www.javada.or.jp/（×××）/index.html」
　　　①　　　　②　　　　③　　　　④　　　　⑤
・①プロトコル名：通信方法を表す

②ホスト名：ネットワークに接続されたホスト（機器やサーバー）名

③ドメイン名：組織名＋組織種別＋国・地域コード

④ディレクトリー名：グループ分けしたファイルのグループ名

⑤表示ファイル名：表示するファイルの名称

解　説

ア．不適切。プロトコル名を示しているのは、httpsの部分である。

イ．不適切。ホスト名を示しているのは、wwwの部分である。

ウ．不適切。ファイル名を示しているのは、後のindex.htmlである。

エ．適切。この部分が示しているのが、ドメイン名である。

問題 **11** 解答　　　　　　　　　　H29前

正　解　　エ

ポイント

・URLのhttp:やhttps:は、WebサーバーとWebブラウザとの間でデータを送受信する際の通信プロトコルを表し、http:では、通信が暗号化されていないため、データの盗聴や改ざんの危険性があるが、https:は、SSL（Secure Socket Layer）またはTLS（Transport Layer Security）（SSL/TLSと呼ぶこともある）と呼ばれるプロトコルを用いて暗号化されるため、通信内容の安全性が確保される。

・IPアドレスは、古くから使用されているIPv4では、アドレス長32ビットで割り当て可能なアドレスは約43億個、新しいIPv6では4倍のアドレス長128ビットで割り当て可能なアドレスはIPv4の2の96乗倍という広大さとなる。

・本問は、インターネット上でWebを利用する基本的な知識を問う問題である。

解　説

ア．適切。ディレクトリ型検索エンジンの例は、「ディレクトリ型検索エンジンdtn」（https://www.dtn.jp）など。

イ．適切。「http:」はWebサーバーとWebブラウザとの間でHTMLなどのコンテンツを送受信する際に使われる通信プロトコルを示すもので、httpで

は、データが半文でそのまま送信されるため、データ漏洩の危険がある。「https:」が最初についたサイトはWebサーバーとWebブラウザとのデータのやり取りを暗号化してくれるため安全である。「https」は「HTTP over SSL/TLS」の略。

ウ．適切。日本語ドメイン名は汎用JPドメイン名などで、日本語文字（全角ひらがな、カタカナ、漢字など）によって表現されたドメイン名である。

エ．不適切。インターネット上のコンピュータはIPアドレスで識別されるが、従来から利用されてきた32ビットのIPアドレス（約43億個定義可能）が枯渇してきたため、もっと巨大な数を確保するため、IPv6 という128ビットのIPアドレスに移行することが進行している。

●参考文献

・千葉県産業振興センター「おもしろインターネット活用講座」（ウェブサイト）

・JPNIC 日本ネットワークインフォメーションセンター（ウェブサイト）

・日本語.jp（ウェブサイト）

3●インターネットの主要サービス

問題 **12** 解答

H26後

正　解　ウ

ポイント

・屋外、屋外を問わずPCやスマホとインターネットを接続する方法や方式はいくつかある。

・本問は、それぞれの種類と特徴について理解しているかを問う問題である。

解　説

ア．不適切。HSPA（High Speed Packet Access）の説明である。3.5Gとも呼ばれ、携帯電話や、屋外でパソコンと接続してデータ通信を行う際に使用されるモバイル接続の1つである。

イ．不適切。ADSL（Asymmetric Digital Subscriber Line）の説明である。屋内のパソコンを接続する際に使用されるブロードバンドの1つである。

ウ．適　切。WiMAX（Worldwide Interoperability for Microwave Access）の説明である。屋外でパソコンと接続してデータ通信を行う際に使用されるモバイル接続の1つである。

エ．不適切。FTTH（Fiber To The Home）の説明である。屋内のパソコンを接続する際に使用されるブロードバンドの1つである。

問題 **13** 解答

H27前

正　解　エ

ポイント

・インターネットは有線、無線を問わず物理的な回線上をインターネットプロトコルに基づいて音声やテキストデータ等の情報を送受信する。さらに多重化技術を使って論理的に多数の回線にすることが可能である。これらの技術要素を組み合わせてインターネット回線サービスが提供されてい

る。

・本問は、これらに関する基本的な理解を問う問題である。

(解　説)

ア．適切。広域イーサネット（WAN）は、地理的に離れたLAN間をイーサ
　　ネットインターフェースで接続する技術である。

イ．適切。VPNは、物理的な専用線を多重利用で複数のユーザーがあたか
　　も専用で利用しているかのように使える利点がある。

ウ．適切。インターネット回線に電話の音声を乗せてインターネットプロト
　　コルで通信を行う方法である。電話料金が安くなる利点がある。

エ．不適切。IP-VPNは、VPNとして利用している回線にインターネットプ
　　ロトコルによりインターネット回線として利用する方法である。通信事業
　　者独自の閉域ネットワークを用いるためコストは高くなる。

4●インターネットを活用した情報サービス　テキスト第1章第4節

問題
14 解答

H27後

正　解　ア

ポイント

・Webサイトの集客は、検索エンジンによる検索結果で決まることが多い。そのため検索エンジンを意識して、検索順位アップ・上位表示のための対策であるSEO（Search Engine Optimization）対策を行うことが重要となっている。また検索行動によってサイトにたどり着いたユーザーは、目的が明確である場合が多いため、一般的にモチベーションが高く、成果につながりやすい傾向があると言われている。そのためWebプロモーションの非常に重要なターゲットとなっている。

・本問は、SEO対策の正しい方法について問う問題である。

解　説

ア．適切。見出しに適切なキーワードを入れることは、SEOにおける重要な方法の1つである。

イ．不適切。隠し文字を大量に埋め込むと、検索エンジンスパムとみなされ、検索結果から外される危険性がある。また、閲覧者に対する配慮は、SEO対策とは無関係。

ウ．不適切。キーワード文字の装飾や写真の多用はSEO対策とは無関係。

エ．不適切。SEO対策としては、リンク数ではなく、被リンク数が重要である。

A●IT活用の基礎 ＞ 5●IT活用の関連動向

1●**個人でのIT活用** ［テキスト第1章第5節］

問題
15 解答　　　　　　　　　　　　　　　　　H28後

（正　解）　ア

（ポイント）

・本問は、公共の場所において、ノートパソコンを使用する際にセキュリティやマナーの面で注意すべき点を問う問題である。

・（不適切の）どの選択肢も条件次第では「適切」と判断できないこともないが、選択肢の末尾を「問題はない」に揃えることで、相対的に「問題あり」となる可能性があるかないかをビジネスマナーを含めた常識に照らして判断することが重要である。

（解　説）

ア．適切。参照している情報は一般に公開されている情報なので、喫茶店で閲覧することに問題はない。また、会社支給のスマートフォンでのテザリングも社内セキュリティ規程に違反していなければ問題はないので、他の選択肢と比較すると、この選択肢が最も適切となる。なお、スマートフォンでのテザリングは、通信費が高額になる場合があるので、経費節減のために禁止されることはある。

イ．不適切。以下の点で「問題あり」である。

　①インターネットに接続しないパソコンであっても、USBメモリやCDなどの媒体を使用してデータのやりとりを行う可能性があれば、ウイルスに感染するおそれがある。

　②通常、会社支給のパソコンを使用する場合は、ウイルス定義やセキュリティパッチなどの対策は最新化するべきである。社内セキュリティ規程でも定められていることが多いと思われる。

ウ．不適切。以下の点で「問題あり」である。

　①たとえ事情があったとしても、社内規程に違反することは好ましくない。

　②やむを得ない場合は、独断ではなく、上司や管理者の判断を仰ぐべきである。なお、媒体を使わずにバックアップする方法として、クラウドコ

　　ンピューティングなどの共有ディスク機能を活用することが多い。

エ．不適切。以下の点で「問題あり」である。

　　①本当に必要な情報以外の情報を社外に持ち出すことは、それだけ情報漏
　　　洩のリスクが高くなるので、避けるべきである。

　　②背後から覗かれたり、カメラで撮影される恐れがあるため、公共の場所
　　　で重要なファイルを開くのは避けたほうが望ましい。

 解答　

ア

ポイント

・LTEとはモバイルコンピューティングにおける通信方式（移動体通信方
　式）の1つであり、“4G”と呼ばれている。移動体通信の全体像と技術の
　進展について概略の理解をしておくことは重要である。以下に移動体通信
　の世代技術の特徴と規格の呼称について記す。

　【第1世代】：アナログ方式で電話などの音声をワイヤレス化したもの

　【第2世代】：無線通信をデジタル化したもの、GSM、PDC、D-AMPS等

　【第3世代】：第2世代をより高速化したもの、W-CDMA、HSPA等

　【第4世代】：データ通信に特化して更に高速化したもの、LTE、VoLTE
　　　　　　　等

　【第5世代】：大容量、高速化、高接続化を進めて、5Gと呼ばれる

　なお、移動体通信の規格とは別に、LANの通信方式を無線化（ワイヤレス）
　したものがあり、代表的なものに“Wi-Fi”がある。混同しやすいので留
　意する必要がある。

・本問は、LTEについての理解を問う問題である。

解説

ア．適切。LTE（Long Term Evolution）についての説明である。第3世代
　　携帯電話の規格を策定するプロジェクトである3GPP（Third Generation
　　Partnership Project）によって策定された通信方式で、日本では2010年12
　　月にNTTドコモが、Xi（クロッシィ）の名称でLTEによる下り最大
　　38Mbps（一部地域のみ下り最大75Mbps）のサービスを開始している。

121

2015年4月現在の情報では、下り最大150Mbpsのサービスを提供している。2010年12月6日に国際電気通信連合はLTEを4Gと呼称することを認可したため、マーケットでは呼称にばらつきが見られる。

イ．不適切。WiMAX（Worldwide Interoperability for Microwave Access）についての説明である。電気・電子技術の学会であるIEEE（The Institute of Electrical and Electronics Engineers）によって策定された通信方式で、日本では2009年2月にUQコミュニケーションズが、WiMAXによる下り最大40Mbpsのサービスを開始している。2015年4月現在の情報では、下り最大220Mbpsまたは110Mbpsのサービスを提供している。

ウ．不適切。HSPA（High Speed Packet Access）についての説明である。第3世代携帯電話の規格を策定するプロジェクトである3GPPによって策定された通信方式で、日本では2010年12月にイー・モバイルが、HSPAの1つであるDC-HSDPA（Dual Cell High Speed Downlink Packet Access）による下り最大42Mbpsのサービスを開始している。

エ．不適切。無線LANの規格の1つであるIEEE802.11nの説明である。電気・電子技術の学会であるIEEEによって策定された通信方式で、現在多くのパソコンや携帯情報端末機器などに内蔵され、建物内や街中において理論上下り最大600Mbpsでの通信が可能である。

●参考文献
・NTTドコモ　企業情報（ウェブサイト）
・UQコミュニケーションズ（ウェブサイト）

問題
17 解答

H25後

正解　エ

ポイント

・Webメールはブラウザを経てWebメール機能を直接利用できる。近年は個人利用が拡大しているので、Webメールの基本的な特徴などは知っておく必要がある。
・本問は、その知識を問う問題である。

解　説

ア．適切。Webメールは、Webブラウザ上で提供されるソフトウェアであるSaaS（Software as a Service）の1つである。SaaSはWebブラウザが利用できる環境であれば利用することができるため、特別なアプリケーションソフトをインストールする必要はない。

イ．適切。SaaSの中には、企業内で独自のサーバーで稼働するプライベートSaaSもある。プライベートSaaSのWebメールも少なくない。

ウ．適切。WebサーバーとユーザーのWebブラウザとの間の通信は、通常の場合は暗号化されていないため情報漏洩や改ざんのリスクが伴う。Webメール使用時も同様である。そこで、両者間の通信を暗号化するSecure Sockets Layer（SSL）という技術が1990年代初頭にネットスケープコミュニケーションズ社により開発され、現在ではそれを踏襲したTransport Layer Security（TLS）という暗号化技術が使われている。Webメールでもこれを用いることが望ましい。

エ．不適切。SaaSでは、演算処理やファイルの保管はサーバー側で行われ、その結果のみがWebページとしてユーザー側のWebブラウザに表示される。そのため、保存されたメールを検索する場合でも、一般的にサーバー内のデータに対し高性能なサーバーのプロセッサーにより検索が行われるため、ユーザーのメールソフトで検索を行う場合よりも要する時間は短くなることもある。同時に多くの利用者からの処理要求があったときなど処理時間がかかることもあるが、一律に長くなるとは言えない。また、「WebメールはサーバーとWebブラウザとの間で常に通信が行われているため」ではない。

問題
18 解答

H25前

正　解　　イ

ポイント

・情報発信ツールが簡単かつ手頃に利用できるようになったが、社会的な迷惑にならないよう、最低限のルールやマナーを身につける必要がある。
・本問は、携帯電話やスマートフォン利用者に情報発信する際に配慮すべき

点について問う問題である。

解　説

ア．不適切。携帯電話やスマートフォンであっても、就寝中や勤務中など受信に適さない時間帯がありうるため、受信可能な時間帯をユーザーの希望に合わせるなど、ユーザーに対して配慮する必要がある。

イ．適切。携帯電話の迷惑メール対策として、指定したドメイン以外からのメール着信を拒否する指定ができるようになっており、これを解除しないとメールが届かない。

ウ．不適切。携帯電話では、一度に表示できるページの容量に制限があるため、ページのファイルサイズが大きくなると、ページが表示できない場合がある。

エ．不適切。ITFバーコードは、物流の分野で利用されるバーコードで、主にダンボールに印刷して利用されるものであり、ここでの用途には適さない。多くの携帯電話には、QRコード読み取り機能が付いているため、QRコードを載せるのがよい。なお、QRコードは（株）デンソーウェーブの登録商標であるが、JIS（日本工業規格）、ISO（国際標準規格）として制定され、その中で特許の権利行使を行わないことが宣言されている。また、スマートフォンにおけるバーコード読み取りは標準機能としては搭載されていないものが多いが、通常は対応アプリを導入することにより可能となる。

●参考文献
・ＮＴＴドコモ「ドコモビジネスオンライン」（法人向けウェブサイト）

3●ビジネスにおけるＩＴ活用　テキスト第1章第5節

問題 **19** 解答

H29後

正　解　　ア

ポイント

・Webを利用した情報発信の方法はいくつかの種類があるが、情報発信の目的によってはWeb利用が適さないものもある。

・本問は、Webにおける情報発信の方法と特徴について問う問題である。

解　説

ア．適切。HPに日記を掲載することで最新情報をリアルタイムに発信することができ、また検索エンジンにも登録されるため、検索エンジン経由で新規顧客を集めることが期待できる。

イ．不適切。ミニブログは、比較的短い文章を投稿するサービスで、他のユーザーをお気に入りに登録する（フォローする）と、自分のページに他のユーザーの発言も一緒に表示される。自社のミニブログに記事を投稿することで、自社をフォローするユーザーのページにも自社の発言が表示されるが、フォロワーに依存する形になるため、新規顧客の獲得への効果は疑問である。

ウ．不適切。LINEなどのインスタントメッセンジャーは、基本的には閉じた世界での交流であるため、新規顧客の獲得に対する効果は疑問である。

エ．不適切。メールマガジンを発行することで、最新情報をリアルタイムに発信することができるが、会員相手になるため、新規顧客獲得への効果は限定的である。

A●IT活用の基礎 ＞ 5●IT活用の関連動向

4● ITにかかわる法制度　　　テキスト第1章第5節

問題 **20** 解答

正　解　　ウ

ポイント

・個人情報保護法では、個人情報を以下のように定義している。「生存する個人に関する情報であって、当該情報に含まれる氏名、生年月日その他の記述等により特定の個人を識別することができるもの（他の情報と容易に照合することができ、それにより特定の個人を識別することができることとなるものを含む。）をいう」。（2017年に、より時代に即した厳密な内容に改定されたが、趣旨には変化がなくこちらのほうがわかりやすいため改定前を引用）

個人情報を流出させてしまった場合、まず再流出の防止や原因の特定を速やかに行う必要がある。政府関係機関やマスコミへの対応はもちろん、流出した個人に対する謝罪と補償等が必要になることもある。最終的には企業のイメージダウンにつながり、業績に大きな影響を与える場合もあるため取り扱いには十分な注意が必要である。

・本問は、個人情報保護法で保護すべき個人情報に関して基本的な知識を問う問題である。

解　説

ア．不適切。個人情報保護の対象は生存する個人に関する情報に限られる。

イ．不適切。個人が特定される可能性があれば個人情報に当たる。

ウ．適切。個人が特定できれば個人情報になる。

エ．不適切。ランダムに生成されて個人が特定できないものは個人情報に当たらない。

1 ● 業務分析とは　　　　　　　　　　　　テキスト第2章第1節

問題 **21** 解答　　　　　　　　　　　　　　　　　　H26前

正　解　ウ

ポイント

・業務分析は、システム化計画の段階で、経営上のニーズ及びシステム化・システム改善を必要とする業務上の課題や目的、目標を設定した後、対象となる業務を明確化するために行うものである。業務分析では、「現状分析、環境分析、要求の確認」を実施した後、「機能・プロセス分析」を実施するが、BPR（Business Process Re-engineering）として業務分析を行う場合には、ゼロから新業務プロセスを検討するという意味で、この順番を逆にする場合がある。

・本問は、このような業務分析の位置づけ、手法、内容について問う問題である。

解　説

ア．適切。新しくシステム化される業務の目的・目標設定の後に、業務分析が実施され、そのアウトプットはシステム設計のインプットになる。

イ．適切。人の手で行う作業とコンピュータが行う作業では、当然その特質が異なるのであるから、重点を置くべき業務や作業の流れが異なることになる。したがって、従来から手作業で行ってきた業務をそのままシステム化しても、スピードアップや効率化が期待できない。業務分析では、現状を分析して、システムに適した要素を目的に沿って再構築し、効率的な業務プロセスになるよう、改善する視点が重要である。

ウ．不適切。ブレーンストーミングは、少数の集団で自由に意見を出し合い、あるテーマに関する多様な意見を抽出する手法のことであり、業務分析で調査・検討をする手法としては不適切である。DFDは、業務で使用されるデータの流れに着目して、処理の流れをフロー図に表現する手法であり、これは適切である。

エ．適切。BPRとして業務分析を行う場合には、ゼロから新規業務プロセス

を検討するという意味から、現状分析を機能・プロセス分析などの後に行う場合がある。

●参考文献

・IPA、SEC「共通フレーム2013」独立行政法人情報処理開発機構（IPA）、技術本部ソフトウェア高信頼化センター（SEC） 2013

2●業務分析の手順　　　　　　　　　　テキスト第2章第1節

問題 **22** 解答　　　　　　　　　　　　　　　　　H26後

正　解　　イ

ポイント

・業務分析では、より効果的・効率的な業務処理が行えるように、業務（仕事）の要素（アウトプット、インプット、機能、制約、道具、目的など）を明確化する。その際、現状業務のままではなく、現状業務の問題や要求事項を分析し、「業務改善」の視点でプロセスや業務基準などを見直すことが重要である。

・本問は、このような業務分析の手順についての理解を問う問題である。

手順	項　　　目	内　　　容
1	目的・範囲の設定	情報化の目的の明確化 （a 業務分析の範囲）の設定 業務分析計画の立案
2	現状分析	現状業務の問題や（b 要求事項）の抽出 現状業務システムの明確化
3	機能・プロセス分析	業務の機能分析 （c 業務改善）方策の検討 新業務プロセスや（d 業務要件）の策定 業務定義書の作成
4	（e エンティティ）分析	（e エンティティ）の抽出と分析 業務と情報の関係を確認
5	関係者の了解、確認	

解　説

ア．不適切。業務分析の局面で、システム実現方式や仕様を検討するのは早い。エンティティ（情報）分析は、手順4が適切である。

イ．適切。　業務分析の「目的・範囲の設定」、「現状分析」、「機能・プロセス分析」、「エンティティ（情報）分析」、「関係者の了解、確認」の各手順が適切な内容となっている。

ウ．不適切。アと同様、業務分析の局面で、システム実現方式や仕様を検討
　するのは早い。

エ．不適切。エンティティ（情報）分析は、手順4が適切である。

2 ● 要求仕様とは

テキスト第2章第2節

問題 23 解答

H26後

正　解　イ

ポイント

・ユーザー要求の調査方法には、資料収集、インタビュー、アンケート、ブレーンストーミング、KJ法、デルファイ法などがある。ユーザー要求は、単にヒアリングしたものがそのまま要求となるものではなく、関連付け、構造化、グループ化、モデル化などを実施し、根本的な問題点の抽出と解決策への方向づけとなるようなまとめが必要である。KJ法は、インタビューやブレーンストーミングの結果に対し、そのようなまとめを実施して問題解決に結びつける代表的な手法である。

・本問は、このようなユーザー要求の調査方法に関する知識を問う問題である。

解　説

ア．不適切。あらかじめ用意した質問をもとに、対面で要求を聞き取るインタビューの説明である。

イ．適切。KJ法の説明である。インタビューやアンケート、ブレーンストーミングで得た内容をカードに記載し、そのカードで似たような内容、関係のある内容などでカードのグルーピングや構造化を行い、根本的な問題をビジュアルに提示するような手法である。

ウ．不適切。アンケートの説明である。一度に多くの回答者に同じ質問に答えてもらう手法で、インタビューより多くの人の意見を聞くことができるが、問題点の掘り下げができないことや、回答者の誤解などの問題があるため、主要なメンバーには、インタビューを併用することが多い。

エ．不適切。ブレーンストーミングの説明である。何人もの人間が長時間議論をするため費用がかかることと、コーディネータの話を引き出す等のスキルが必要であることが問題点である。

3●要求仕様書の作成

テキスト第2章第2節

問題 **24** 解答

H29後

正　解　エ

ポイント

・要求仕様書の作成は、まず資料収集、面接（インタビュー）、アンケートなどで調査を行った後、ブレーンストーミング、KJ法、デルファイ法などで問題の背景の真因を探る。要求仕様書の記述には、DFD、HIPO、状態遷移図などが利用される。

・本問は、業務的な要求を記述する「要求仕様書」に関し、誰が作成するのか、記載すべき項目は何か、利用者の要求を調査・整理するための手法にはどんな方法があるか、システム要件の表現方法などを問う問題である。

解　説

ア．適切。システムの発注者や利用者は、システム開発の専門家ではない場合が多いため、要求仕様書の作成はシステム開発者と共同して作成する場合が多い。ただし記載内容の責任は、システムの発注者や利用者にあることに注意が必要である。

イ．適切。要求仕様書には、目的、適用範囲、用語の定義、製品概要、製品機能、制約事項、前提条件、詳細要求事項等が記述される。詳細要求事項には、外部インターフェース、性能要求、論理データベース要求等が記述される。性能要求としては、端末数、スループット、応答時間等に関する測定可能な数値等が記述される。

ウ．適切。要求の調査は、利用者が文書としてまとめる場合もあるが、これがない場合には、第一段階として資料収集、インタビュー、アンケートによって行われる。これらによって洗い出された問題点の原因を分析し、真因を探る方法として、KJ法等の方法がある。

エ．不適切。システム開発者に要求を伝えるための表現方法には、DFD（Data Flow Diagram）、HIPO（Hierarchy Input Process Output）、状態遷移図（STD：State Transition Diagram）等がある。状態遷移図は、システム

の状態の移り変わりを表現する図であり、確率的に様々な事象が発生する
リアルタイムシステムの設計の場合によく用いられる。本選択肢で説明し
ている方法はこの状態遷移図である。DFDは、業務の流れをもとに、デー
タに着目してその発生から利用・保管までを表現する方法である。その他
の表現方法として、システムの機能を階層的に表現して各層での入力—処
理—出力を概念として整理するHIPOがある。

問題 25 解答

H25前

正 解 ア

ポイント

・HIPO（Hierarchy Input Process Output）の総括ダイヤグラムを使用した、
注文・在庫引当ての処理（プロセス）についての理解を問う問題である。
HIPOはシステムの機能を階層的に表現して各層の入力—処理—出力を概
要として整理するもので、業務で必要なデータとその流れを定義する
DFD（Data Flow Diagram）やリアルタイム処理で多用される状態遷移
図（STD：State Transition Diagram）などと同様に、要件を定義する際
に利用される。

・本問は、要求定義で利用されるHIPOに関する知識を問う問題である。

解 説

ア．適切。注文量が在庫量よりも少ない場合には、すべての注文量について
在庫引当処理を行う。注文量が在庫量よりも多い場合には、在庫量が不足
しているので、在庫分については在庫引当処理を行い、品切記録処理をし、
不足分について発注処理を行う。在庫量—注文量は、在庫引当処理後の在
庫量であるが、これが安全在庫量を下回る場合にも、発注処理を行う。

なお、在庫引当処理とは、注文があった場合に、在庫に対して注文済みで
あるとの記録を行うことである。受注してから出荷するまでの間に時間的
なずれが生ずるため、常に受注可能な在庫量を把握するために行われる処
理である。

イ．不適切。①と②が反対。④は発注が正しく、注文処理結果の応答ではな
い。

ウ．不適切。①と②が反対。③は安全在庫量が正しく、注文量の月間合計で
　は常時、発注が続くことになる。④は発注が正しく、注文処理結果の応答
　ではない。

エ．不適切。③は安全在庫量である。

⑤　**要件定義の手順**　　　　　　　　　　　テキスト第2章第2節

問題 **26** 解答　　　　　　　　　　　　　　　　　H28前

正　解　エ

ポイント

・業務的な要求を「要求仕様書」として作成した後、その要求仕様書を実現するために、システム的な要件をまとめる工程が要件定義である。要件定義後にシステムやプログラムの設計工程を実施する。

・本問は、要件定義で行う作業と他の工程で行う作業についての知識を問う問題である。

解　説

ア．適切。ブレーンストーミングは、集団でアイデアを出し合うことで新しいアイデアを見つける手法で、要件定義で問題の解決策を見つけるためによく用いられる。

イ．適切。要件定義の記述として、E-Rダイヤグラムはよく用いられる。データ項目とその関連を記述するのに用いられる。

ウ．適切。機能要件だけでなく、システムの性能などの非機能要件も要件定義で記述する。

エ．不適切。レイアウトの記述は要件定義ではなく、設計での作業である。

●参考文献

・JUAS「5W1Hで解き明かすプロジェクト管理」社団法人日本情報システム・ユーザ協会（JUAS）　2011

問題 **27** 解答

H29前

正　解　ウ

ポイント

・本問は、業務要件の定義作業（要求仕様書の作成）に関し、前段階として
　実施する企画作業（システム化計画）との関係、業務要件の定義でのヒア
　リングの対象とやり方、記載する内容、業務要件の定義作業の後で行われ
　るシステムの要件定義との関係等に関する知識を問う問題である。

解　説

ア．適切。最初に企画作業として、投資効果・業務効果を明確化し、その後、
　業務の要件定義を実施する。

イ．適切。要件のヒアリングは利害関係者に実施するが、利害関係者には、
　システムのユーザーだけでなく、経営層、システム部門、開発者、保守者
　が含まれる。

ウ．不適切。業務の要件定義（要求仕様書の作成）を実施した後で、システ
　ムの要件定義を実施する。

エ．適切。業務の要件には、機能要件だけでなく、非機能要件（使いやすさ、
　信頼性、性能、保守性、セキュリティなど）が含まれる。

●参考文献

・IPA SEC「共通フレーム2013」独立行政法人情報処理開発機構（IPA）、ソフトウェア
　高信頼化センター（SEC）　2013
・bluesnap.net「PMP受験・PMBOK 第4版ガイド」ステークフォルダ

1 ●システム化計画とは テキスト第2章第3節

問題 **28** 解答

正 解 エ

ポイント

・最近では、コンピュータによる業務の効率化だけでなく、企業戦略、情報戦略をシステムとして実現・サポートすることがシステム化の目的となることが多い。そのため、システム化計画は業務の調査・分析、システム化の構想立案、技術動向の調査などだけでなく、前提となる企業戦略、情報戦略に沿っているかなどの判断が重要となる。

・本問は、システム化計画を策定する際に留意すべき基本事項について問う問題である。

解 説

ア．適切。システム化計画は、その目的の明確化から始まる。ここでは、あるべき企業の姿に近づく情報戦略の観点から、何をどうすればよいかを明らかにする。このときに使われる手法としてSWOT分析がある。これは、企業の内部分析から、強み（Strength）と弱み（Weakness）、外部環境から企業の機会（Opportunity）と脅威（Threat）を明確化する手法である。

イ．適切。システム化計画では、業務分析を行うとともにシステム化の範囲・構成・基本的なアーキテクチャなどシステム的な分析・設計を実施する。その後システム化の計画立案を行う。

ウ．適切。経営環境の分析は、経済・産業全体、業界、自社環境、ライバル企業の情報化動向を調査する。情報システムの背景には、企業コンセプトや的確な調査による情報戦略がある。

エ．不適切。技術動向の調査など技術面の分析は、後続のフェーズではなく、システム化計画で実施すべき作業である。システム化計画では、情報技術動向の調査を行い、企業目的を実現するため、競争優位または事業機会を生み出す情報技術の利用方法を分析する。

137

● 参考文献

・IPA SEC「共通フレーム2013」独立行政法人情報処理開発機構（IPA）、ソフトウェア
高信頼化センター（SEC）　2013

問題 **29** 解答
H29後

【 正 解 】　ウ

【 ポイント 】

・本問は、パソコンの購入タイミング、ユーザー権限に関するセキュリティ
設定、IPアドレスのクラス、ERPの利用条件に関する知識など、ハードウェ
ア、ソフトウェア導入計画の基本的な知識を問う問題である。

【 解 説 】

ア．不適切。パソコンはすぐに新機種が発売されてしまい、次に採用される
従業員が来るころには旧機種となっている可能性が高い。よって、多めに
購入しておく必要はない。

イ．不適切。従業員数が15名程度の企業なので、65,534台のホストが接続で
きるクラスBを使う必要はない。254台のホストが接続できるクラスCで
十分である。

ウ．適切。各従業員が担当していない業務については、操作できないように
しておくほうがよい。特に新規採用者の場合、社内業務について十分な理
解がなく、誤って操作してしまうことが考えられる。よって、自分に関係
のない操作はできないように、あらかじめ権限を設定しておいたほうがよ
い。

エ．不適切。従業員数が15名程度の企業にはERPソフトの導入にはコストが
かかりすぎる。

問題 **30** 解答

H28前

正 解 ウ

ポイント

・パッケージソフトは、小売業、製造業など業種別のものや、営業支援、顧客関係管理など業務内容別のものなど、数多く存在している。パッケージソフトの利点は、開発コストの低さや導入期間の短さなどがあるが、業務プロセスを標準化できることにもメリットがある。しかしパッケージソフトの導入で問題になることもあるため、事前に問題となりそうな点を洗い出し、注意・検討しておくことが必要である。

・本問は、このようなパッケージソフトを導入する場合の注意点について問う問題である。

解 説

ア．適切。パッケージソフトは、インストール作業やデータ移行作業等が完了すれば、すぐに稼働できるが、パッケージが前提としているビジネスモデルに自社のプロセスを合わせていくのか、パッケージをカスタマイズするのかで検討が長引く場合がある。

イ．適切。定評のあるパッケージソフトは、多くのユーザーに使用されており、システム上の問題点は、ほぼ改善済みである。しかし不具合が発生した際は、対応が個別には行われず、パッケージ全体で不具合対応が行われるため、不具合の確認、環境の確認、不具合対応と様々な環境での検証などで迅速に対応できない場合がある。

ウ．不適切。パッケージソフトの機能が豊富なのは特に問題はないが、自社に必要な機能がなかったり、あるいは制限されることになる場合は、パッケージソフトの導入は問題となる。それゆえ留意点としては、「パッケージの前提となるビジネスモデルが自社の業務に適合していない場合や機能が不足していることがある」などが適切である。

エ．適切。パッケージソフトは、サポートのための年間保守契約料が必要であったり、バージョンアップ時に費用がかかるので、パッケージソフト導入時に忘れずに検討対象にすべきである。

問題 **31** 解答

H29後

ポイント

- システム開発を自社で行うか他社に依頼するかの問題は、個々のシステムの品質・納期・費用が変わるだけの問題ではなくて、経営戦略とも絡んでくる。情報戦略も含めた経営戦略構築の機能は当然、情報システム、開発者、基本計画機能も自社内にあることが望ましい。しかし、長期的に情報システム部門を自社内に抱えることの人件費負担や最新技術取得の限界もあり、メリット、デメリットを考慮して判断する必要がある。
- 本問は、自社開発と外部委託とのメリット・デメリットを問う問題である。

解　説

ア．不適切。費用が固定化する確率が高いのは、自社開発である。自社開発は、社内に固定的な要員を抱えて対応せざるを得ないため、費用が固定化する。外部委託の場合は、保守案件が少ない時期は要員を減らすなど、逆に費用を変動化できる。

イ．適切。自社内に各種の技術ノウハウが残るため、他システムへの適用が早期に、試行錯誤することなく可能となる。

ウ．適切。自社開発では、納期などの制約もあり、社員が保有している技術（もしくはその延長線）に留まることが多く、新しい技術や革新的な技術をすぐに取り入れることは難しい。

エ．適切。外部に作業依頼（保守や機能の追加など）する場合は、見積り、発注などのプロセスが必要なため、所定の時間がかかる。

問題 **32** 解答

H29前

ポイント

- ハードウェア計画は、ソフトウェア構成がほぼ決まっているという前提で

実施される。計画の対象となるハードウェアは、サーバー（無停電装置、バックアップサーバー）、端末・ディスプレイ、ネットワーク機器（ハブ、ルーター、ケーブル、負荷分散装置など）、メンテナンス機器などである。

・本問は、システム導入時におけるハードウェア計画の基本を問う問題である。

（ 解 説 ）

ア．適切。システム内のどの機器が故障しても代替機で対応する、ネットワークに異常が発生しても、そこを迂回させる等して、システム全体が停止しないようにしておくべきである。

イ．適切。使いやすい機器を選択するには「見やすさ」、「照度」、「高さ」、「機器配置」などの人間工学的観点から選定条件を設定するとよい。

ウ．不適切。将来の端末数やデータ量の伸びの予測などを行い、将来においても十分な性能が出せるように機器やネットワーク構成を選択するのがよい。

エ．適切。既存の機器でも対応できる場合はROIの観点から最新のマシンを導入しないという選択もある。

問題 **33** 解答　　　　　　　　　　　　　　H19後

（ 正 解 ）　イ

（ ポイント ）

・RSS（Rich Site SummaryまたはReally Simple Syndication）リーダーは、インターネット上のブログやニュースサイトで更新があるものだけを読むことができるツールである。ワークフローは、業務の一連の処理手続きに関して、金額によって決まる承認者や決裁者、不在の際の代行者などを登録しておき、業務手続の迅速化、効率化を図るとともに、業務プロセスの可視化・適正化に貢献するツールである。文書管理ツールは、電子化された文書などの保管から活用、廃棄までの管理を行うツールで、閲覧や更新権限の管理、バージョン管理などの機能を持つ。ToDoリストは、何をやるか、誰がやるか、いつやるかなどを明確化し、忘れないように個人やチームで利用するツールである。

・本問は、業務支援ツール、開発支援ツールについての基本的な知識を問う
　問題である。

（ 解　説 ）

ア．不適切。RSSリーダーは、RSSを配信しているサイトを登録しておくと、
　そのサイトを定期的にチェックして更新情報を表示するツールである。

イ．適切。ワークフローソフトは、企業内業務遂行に必要な諸書類の円滑処
　理支援システムツールである。

ウ．不適切。文書管理ツールは、社内で共有するファイルの管理やファイル
　のバージョン管理などを行うツールである。

エ．不適切。ToDoリストは、日常の業務内で「やらなければならないこと」
　をリストにして登録しておくことでタスク漏れを防ぐツールである。

2 ●コード設計

問題
34 解答

正 解 ウ

ポイント

・コードはシステムの開発者、利用者、システムそのものの間で使われる。したがってコード設計は人間にとってもコンピュータにとっても理解でき、かつ処理がしやすいように留意しなければならない。
・本問は、そのコードの種類と特徴について問う問題である。

解 説

ア．不適切。説明の内容はシーケンスコードのものである。シーケンスコードは、体系化が困難である。

イ．不適切。ブロックコードの説明は正しいが、桁別コードの説明は誤りであり、すべて1桁ずつに意味があるわけではなく、2～3桁をまとめて意味を持たせることは普通にある。

ウ．適切。桁別コードは例えば学生番号のコードを、先頭2桁が入学年、次の2桁が学科、次の2桁がクラス、次の2桁が出席番号とする8桁のコードとして設計する。必ずというわけではないが、ブロックコードよりも桁数が多くなりがちである。

エ．不適切。ニーモニックコードと呼ばれ、製品の型式コードなどに用いられる。人間にとって視認性も高く、わかりやすいが、桁数が多くなり、コンピュータ処理上は必ずしも効率的とは言えない。

③●入力インターフェース　　　テキスト第2章第4節

問題 35 解答　　　H27前

正　解　ア

ポイント

・入力データのコンピュータチェックは、過去は自らがロジックを組み立て、チェックプログラムを作成した。最近は入力項目ごとにチェック方法を設定する方式に変わったが、その種類とチェック方法は理解しておく必要がある。

・本問は、様々な入力データのチェック方法について、その内容を問う問題である。

解　説

ア．適切。JANコードは一般にバーコードと一緒に付けられる商品識別コードである。モジュラス10の方式（正確には「モジュラス10 ウェイト3・1（モジュラス10 ウェイト3)」という計算法）で最後の桁にチェックデジットが付加されている。

イ．不適切。数字と決まっている場所に数字以外の文字が入力されていないかどうかをチェックするのは、ニューメリックチェックである。シーケンスチェックは、データが定められた基準によって順番付けられているかどうかのチェック。

ウ．不適切。月の入力に13以上の数字を入力したり、日付の入力にその月の日数を超える数字を入力した場合には、エラー処理をしなければならない。そのためのチェックがリミットチェックである。フォーマットチェックは項目の形式や桁数をチェックするもの。

エ．不適切。仕訳では必ず借方と貸方の金額が一致しなければならないが、これをバランスチェックという。手計算で求めた値と計算機で求めた値を照合するのはトータルチェックである。

解答

正解 ウ

ポイント

・入出力画面設計はこれからのシステム開発でも継続的に重要な位置づけにあり、項目の性格によって設計の留意点を知っておく必要がある。

・本問は、それらに関する留意点を問う問題である。

解説

A：大量データの表示：大量データになると画面に一度に表示できなくなる。読みやすくするためにはスクロール機能を使って連続的に読むことができるようにする。

B：メニュー設計：メニューは利用者に選択・判断を確認する画面であり、わかりやすい項目名称でないといけない。

C：警告表示：警告は利用者に気がついてもらうことが重要である。そのためには他に先んじて表示を強調し、注意を引きつける必要がある。

D：操作の効率化：入力が慣れてくると、目的画面をショートカットで素早く表示したくなる。ファンクションキーにその機能を持たせることが可能。

正解の組み合わせは次のとおりである。したがって、ウが適切。

	事　項		留　意　点
A	大量データの表示	②	スクロール機能を利用する
B	メニュー設計	④	わかりやすい名称を付ける
C	警告表示	①	強調して表示する
D	操作の効率化	③	ファンクションキーを活用する

B●システム化計画と設計の基礎　＞　5●データベース・ファイル設計

3●データベースの種類

テキスト第2章第5節

問題
37 解答

H29後

正解　イ

ポイント

・データベースの種類には以下がある。

階層型（木構造）：データを階層型（木構造）で格納するデータベースで、親ノードと子ノードの関係は1対多となる。会社の組織図が代表的例である。仮にある組織が複数の部門に所属するような場合は、その組織を複数の部門の下に重複して持つ必要があるため、冗長となる。

網構造（ネットワークモデル）：データを網構造で格納するデータベースで、階層型で複数の親を持つことを可能にしたものと言える。ある組織が複数の部門に所属しても、その組織は1つだけ存在するように管理可能である。

リレーショナルデータベース：データを2次元の表形式で格納するデータベースで、階層型や網構造のデータベースと異なり、データ構造に依存しない形でプログラムを作成できるメリットがある。

多次元データベース：データウェアハウスとして利用される、データ分析に特化したデータベースである。複数の属性（次元）を次々に切り替えてデータを検索・集計することができる。

・本問は、このようなデータベースの種類に関する基礎的な知識を問う問題である。

解説

ア．不適切。ネットワークデータベースは網構造データベースともいい、親になるものが複数ある場合を取り扱える構造のデータベースのことで、事例のようなネットワーク経由で利用するデータベースのことではない。

イ．適切。正規化され分割されたデータベースを射影、選択、結合の操作を行うことにより利用するデータベースをリレーショナルデータベースというが、事例のデータベースは、それぞれの売上テーブルが営業所テーブル、

顧客テーブル、商品テーブルと結合され、売上帳票などが出力される構造となっているため、このデータベースはリレーショナルデータベースである。

ウ．不適切。階層型データベースはツリー構造データベースともいい、データがすべて親子関係の木構造になっており、階層の上位から下位に接点をたどることにより、データを取り出すことができる構想のデータベースのことである。

エ．不適切。多次元データベースは、商品別の売上データのような2次元のデータではなく、商品別、支店別、月別売上データといった3次元データやそれに得意先別を加えた4次元データなど、多次元のデータを扱うデータベースである。

4●リレーショナルデータベースの設計

問題 **38** 解答

正 解 ウ

ポイント

- リレーショナルデータベースは第一正規化から第三正規化まで実施することで、データの冗長性や整合性を確保した適切な構造にすることができる。

①第一正規系：データから繰り返しの部分を排除し、複数の行になるようにする。

②第二正規系：主キー以外のすべての項目が、主キーに従属する（特定される）ようにする。（主キーの一部に従属するのも排除する）

③第三正規系：ある項目が主キー以外の項目に従属しないようにする。

- 本問は、このようなデータベースのテーブル設計（正規化）についての基本的な知識を問う問題である。

解 説

ア．不適切。この選択肢では、「値引」のフィールドが「売上明細テーブル」に存在する。ところが、この商店では、売上の合計金額から値引きを行い、売上金額を決めているので、「売上明細テーブル」のそれぞれのレコードに値引き後の金額を入力することは困難である。

イ．不適切。この選択肢では、「値引」のフィールドは「売上伝票テーブル」に存在するので、売上ごとに値引を管理することができる。しかし、この選択肢では、「数量」のフィールドが「商品テーブル」に存在する。「商品テーブル」は、商品ごとの「商品名」や「単価」のデータを蓄えるマスターテーブルなので、そこに売上ごとに異なる数量を入力するのは困難である。

ウ．適切。この選択肢では、「値引」のフィールドが「売上伝票テーブル」に存在するので適切である。また、この選択肢では、「数量」のフィールドが「売上明細テーブル」に存在する。これにより、売上明細ごとに数量の管理が行える。

エ．不適切。この選択肢では、「値引」のフィールドが「売上明細テーブル」

に存在するので適当ではない。さらに、この選択肢では、「数量」のフィールドが「商品テーブル」に存在するので適当ではない。

B ● システム化計画と設計の基礎 ＞ 5 ● データベース・ファイル設計

 ● データベースの活用 テキスト第2章第5節

問題

39 解答

正　解　エ

ポイント

・SQLの形式は以下となる。

　SELECT　フィールド名（複数指定の場合は「,フィールド名」……）

　FROM テーブル名（複数指定の場合は「,テーブル名」……）

　WHERE 条件式（条件式は AND OR を利用可能。同じフィールド名が複
　数のテーブルに存在する場合はフィールド名を「テーブル名.フィールド
　名」のように記述。）

・本問は、SQLに関する基本的な知識を問う問題である。

解　説

ア．不適切。項目の区切りは、スペースではなく「,」を使う。

イ．不適切。テーブルの中のフィールドを指定する場合はテーブル名と
　フィールド名の間にスペースではなく「.」を入れる。

ウ．不適切。テーブルの中のフィールドを指定する場合はテーブル名と
　フィールド名の間に「,」ではなく「.」を入れる。

エ．適切。目的に合った正しいSQLである。

4　運用の実施・管理の特徴　テキスト第3章第1節

問題 **40** 解答　　　　　　　　　　　H25後

正　解　　ウ

ポイント

・情報システムの運用においては、利用者からの要望に対し、状況を確認し、原因を分析して、有効な改善を計画することが必要となる。

・本問は、事例を通じて、改善方法の適否を評価するために必要となるアプリケーションに関する技術や、変更管理など運用・保守に関する知識を問う問題である。

解　説

ア．適切。利用者が多い時間帯に別のジョブが実行中であれば、システムの負荷が高くなり処理が遅くなる。別の時間帯に移動できるものがあれば、利用者の少ない時間帯に移動することで改善が期待できる。したがって、「商品検索や在庫状況確認に時間がかかる」ことについて、利用者の多い時間帯を特定し処理の負荷を調査し対策を講じることは、適切な対処である。

イ．適切。Webブラウザを利用したアプリケーションでは、クライアントからのリクエストに対して、ページ全体の再読み込みをせず、Ajax（Asynchronous JavaScript + XML）を利用して動的にページの一部を書き換えることができる。したがって、「商品検索や在庫状況確認に時間がかかる」ことについて、選択肢イにある対策を講じて応答時間の改善を講じることは、適切な対処である。

ウ．不適切。前回利用時の情報を利用して、入力項目を省くことにより、入力にかかる時間や入力ミスを防ぐことができる。ネットワーク上に個人情報等を流す回数も少なくなるので、セキュリティの向上も期待できる。なお、確認画面数と確認項目数を減らすことはせず、前回の入力情報（クレジットカード番号等は一部だけ）を表示し、ユーザーに確認してもらうべきである。

エ．適切。商品の絞り込み条件を細かく設定することで、取得される商品数
　が減るので、表示にかかる時間も短縮される。また、検索結果の一覧から
　ユーザーが商品を選択する時間も短くなる。

問題
41 解答　　　　　　　　　　　　　　　　　　H26後

正　解　イ

ポイント

・コンピュータシステムは定期的に検査、保守が必要であること、どの程度
　の間隔で保守が必要であるか、そしてコンピュータシステムが直列あるい
　は並列で接続されている場合の稼働率を理解することは重要である。
・本問は、コンピュータシステムの構成による稼働率の理解を問う問題であ
　る。

解　説

・2つのシステムが直列に接続されている場合の全体の稼働率は
　（システムAの稼働率 × システムBの稼働率）
　で求められる。
・2つのシステムが並列に接続されている場合の全体の稼働率は、
　（1 －（1 －システムAの稼働率）×（1 －システムBの稼働率））
　で求められる。
・事例のコンピュータシステムの場合の稼働率の計算式は、
　$Ra \times (1 - (1 - Rb) \times (1 - Rb))$
　よって、選択肢イが適切な計算式である。
ア．不適切。
イ．適切。
ウ．不適切。
エ．不適切。

5 高信頼性システムに必要なシステム構成技術　テキスト第3章第1節

問題 42 解答　H27前

正　解　　ア

ポイント

・システム形態はいくつかあり、システムの重要性に応じて経済性と信頼性を鑑みてシステム形態が選択されている。そのため、それぞれの種類と特徴を理解しておく必要がある。

・本問は、その知識を問う問題である。

解　説

ア．適切。デュプレックスシステムは、システムを2系統用意して、普段は片方（本番系）で処理を行い、もう片方（待機系）は障害発生に備えて待機させておく方式である。

イ．不適切。デュアルシステムの説明である。社会的に重要で高信頼性を要求されるときのシステム形態である。2系統で別々に処理をして結果を照合する方法がとられている。

ウ．不適切。マルチプロセッサシステムの説明である。複数以上のCPUをOSが使い分けて、処理能力を高めるシステムである。技術進歩の結果、CPUを複数以上利用するのは普通になった。

エ．不適切。ロードシェアシステムの説明である。単一CPUではロードシェアシステムの意味があったが、現在は複数CPUが普通なので、OSにより常時ロードシェアを実現している。

問題 43 解答　H29前

正　解　　ウ

ポイント

・目標復旧時点（RPO）とは、事故後に事故前のどの時点までデータを復

旧できるようにするかの目標時点である。RPOを短縮するためにはバックアップの取得間隔を短くすればよいが、バックアップの取得間隔を短縮するためには時間や費用がかかるため、バックアップ以外の様々な資源や方策の活用も検討し、実現可能な復旧目標を探ることが必要になる。

・本問は、これら災害復旧やバックアップ計画で用いられる基本的な指標についての意味や用い方等の知識を問う問題である。

（ 解　説 ）

ア．不適切。電源障害発生時に自家発電により業務処理を継続させることが必要な時間は、災害や障害発生後の対応に関する指標であり、業務システムのデータの目標復旧時点との直接の関連はない。

イ．不適切。障害発生後にデータを復元する目標時間は、許される最大のシステム停止時間（MTPD）に基づき設定される目標であり、業務システムのデータの目標復旧時点の見直しによる直接の変更の必要はない。

ウ．適切。目標復旧時点（RPO）へのデータの復旧を行うためには、バックアップの間隔を復旧が可能な間隔に見直す必要がある。したがってバックアップ時間の見直しは、対応として適切である。

エ．不適切。災害や障害の発生後の対応体制をとる期間は、業務システムのデータの目標復旧時点の見直しを直接の理由とした変更の必要はない。

●参考文献
・経済産業省「IT サービス継続ガイドライン」2008

2●システム管理　　テキスト第3章第2節

問題 **44** 解答　　　　　　　　　　　　　H29後

ポイント

・ソフトウェアやハードウェア資源の調達には、購入、リース、レンタルなどの方法があり、これら調達方法を適切に利用し調達を行うことが必要となる。

・本問は、これらソフトウェアやハードウェア資源の調達方法に関する基本的な知識を問う問題である。

解　説

ア．不適切。レンタルで調達した機器の保守は、機器の貸し手が修繕を行う義務がある。したがって、故障の場合は、貸し手に修理を依頼する。なお、リース契約の場合には、利用者側で必要に応じて保守契約を締結する必要がある。

イ．適切。レンタルは中途解約が可能である。なお、リース契約は一般的に中途解約できない。リースでも中途解約可能な場合もあるが、未払いのリース料や解約料（損害金）が発生する。

ウ．適切。ソフトウェアは無形固定資産として使用権を単独でリースすることができる。

エ．適切。リース期間終了後、リース契約を更新（再リース）することができる。なお、再リース料は物件価値が償却によって目減りした分低減される。

正　解　イ

ポイント

・事例で取り上げられているようなオープンシステムでは、一般に開発や改修を実施する時点での最適なハードウェア、ソフトウェアの組み合わせで情報システムを構成する。

・本問は、事例を通じてシステム構成を把握し保守（変更）に関する注意点を考えることで、変更管理と関連する作業に関する知識を問う問題である。

解　説

ア．必要。オペレーティングシステムのバージョンが変わると、利用中のパッケージソフトやミドルウェアが今までどおりに動かない可能性があるため、事前に動作を確認し、バージョンアップなどの対応が必要か確認する必要がある。

イ．不要。O社のデータベースは、S社のオペレーティングシステム上にインストールされ稼働している。データベースを参照しているのはパッケージソフトであるため、DBMSについては、M社のオペレーティングシステムの更新後の動作について確認は必要としない。

ウ．必要。オペレーティングシステムによって必要とするリソースの性能や容量は異なるため、更新後にCPUやメモリなどのリソースの過不足が発生しないか、事前に確認が必要である。

エ．必要。ハードディスクをミラーリングするミラーリングソフトはF社マシンにもインストールすることが必要なため、新しいオペレーティングシステムに対応しているか確認が必要である。

3 運行管理（オペレーション管理）

テキスト第3章第2節

問題 **46** 解答

H27前

正　解　ウ

ポイント

・情報システムの運用管理では、運用スケジュールに基づいて処理を実施する。また、処理の管理状況を記録し、顧客や利用部門に報告する。

・本問は、運用スケジュールの作成や利用・管理と、処理の管理状況の報告に関する基本的な知識を問う問題である。

解　説

ア．不適切。運用スケジュールは、大きなレベルでの処理の集中を回避し、処理の平準化を図りIT資源を有効に利用できるよう、年間スケジュールで大まかな予定を決め、月間スケジュール、週ごと日ごとのスケジュールと詳細化していくことが望ましい。したがって、月間スケジュールの作成後、それを基に年間スケジュールを作成する点は誤りである。

イ．不適切。臨時作業は、利用部門の要請により突発的に発生する不定期な作業である。作業依頼書の提出などの作業手続きを受けて、運用部門の責任者の承認後にスケジュール化など対応を行う。運用スケジュールの作成など運用管理作業は、運用部門での承認手続きが必要であり、利用部門の責任者の承認で処理を実施するとする点は誤りである。

ウ．適切。運用担当者は各作業の終了後に、実績に基づいて作業リストの消し込みを行うことで、作業が予定どおりに行われたことを確認し、処理の漏れを防ぐとともに、記録の不備や漏れなどを訂正する。遅れの原因がハードウェアのキャパシティに関係する場合は、キャパシティ管理の責任者に報告し、適切な対処を行う。

エ．不適切。スケジュール表や作業依頼などのオペレーション指示・実績に関する記録は運用作業の効率を分析する資料として利用できるが、開発効率を分析する資料とはならないため、「開発効率を分析する資料となる」とする点は誤りである。

C ● 情報システムの運用・保守の基礎 ＞ 2 ● 情報システムの運用を管理する

6 ● 障害管理

テキスト第3章第2節

問題 **47** 解答

H27後

正 解 エ

ポイント

・本問は、事例から情報システムのシステム構成や運用手順を把握し、運用時の障害発生防止対策と障害発生時の対処手順の適否を考えることで、情報システムのシステム構成や運用管理、障害対応の基本的な知識について問う問題である。

解 説

ア．影響が大きく広がった要因に該当する。初めに接続障害が発生した店舗から本部へすぐに連絡していれば、他の店舗への連絡と本部システムの調査が迅速に行われ、各店舗への影響を抑えることができた可能性がある。

イ．発生原因に該当する。有効期限管理ファイルの更新を、誰がいつ行うのか運用開始前に利用部門と運用管理者の間ではっきりと取り決め、マニュアルなどの書面で残しておく必要がある。運用管理者は利用部門が更新すると思っていた、開発者は運用側で更新すると思っていたといったことがないように、お互いにコミュニケーションをしっかりとらなければならない。

ウ．発生原因に該当する。本部システムの再起動後、各営業店舗で利用している端末と同様の端末で接続テストをしておけば、営業開始前に障害を発見できたと考えられる。

エ．どちらにも該当しない。発生原因にも影響が大きく広がった要因にもなりえない。内容は発生後の対応なので原因ではない。また、障害が発生した場合の原因調査方法として、過去の障害から似たものを探すことは有効な手段である。台帳を調べること自体に長時間かかるとは考えにくく、このことでシステム障害の影響が大きく広がったとは言えない。

3 ● ハードウェア資源管理　　テキスト第3章第3節

問題 **48** 解答　　　　　　　　　　　　　　　H24後

正　解　エ

ポイント

・本問は、クラウドシステム等で用いられる仮想化技術を用いたサーバー環境の運用管理に関して、仮想化技術を用いることの利点や注意点について基礎的な知識を問う問題である。

解　説

ア．適切。仮想環境ではCPUやメモリなどIT資源の割り当てを適宜増減させることができるため、利用者は事業環境の変化に対応し、IT資源の割り当てを適宜見直すことで、コスト負担の最適化が期待できる。

イ．適切。仮想化技術を用いたサーバー環境では、設定ファイルと仮想サーバーのデータを用いて仮想サーバーを複製することができる。これにより、ある処理を行うサーバーが故障した場合でも、別の物理サーバーに実行環境を復旧させることができる。

ウ．適切。負荷の少ない仮想マシンを処理能力に余裕がある物理サーバーに統合し物理サーバーの台数を削減することで、運用管理コストの削減が見込める。

エ．不適切。ライブマイグレーションを利用し、障害の予兆を発見した場合や障害が発生した場合に、速やかに仮想サーバーを移動させ稼働を継続することで、システムの稼働率を上げることが期待できる。しかし、システムを二重化した場合も、本サーバーに障害が発生した場合に予備サーバーにより障害時のサービス継続は可能である。そのため、仮想マシンを移動するほうが二重化よりも稼働率が上がるとは限らない。したがって、「システムを二重化するよりも、稼働率を上げることができる」とする点は、誤りである。

C ●情報システムの運用・保守の基礎 ＞ 3 ●情報システムの資源を管理する

4 ●ソフトウェア資源管理

テキスト第3章第3節

問題 **49** 解答

H29前

正 解 ウ

ポイント

・ソフトウェアは、著作物であるソフトウェアを使用する権利が売買の対象である。そのため著作者の著作権を侵害しないようソフトウェアの調達や利用を管理することが必要である。

・本問は、著作権や使用許諾契約の視点からソフトウェアの利用についての知識を問う問題である。

解 説

ア．不適切。無償ソフトであっても、著作者が著作権を放棄しているのではなく、一定の条件で無償での使用を許諾しているにとどまる。したがって、無償ソフトだからといって自由に改変し利用できるわけではない。

イ．不適切。会社名義で購入したという理由であっても、「1台のPCに複製可能」とある製品は1台のPCにしかインストールをすることはできない。ただし、使用許諾契約書に特別な記載がある場合にはこの限りではない。

ウ．適切。メディアの破損に備えて個人的にバックアップ・コピーをとる行為は、著作権法で許可されている（著作権法第47条の4）。ただし、別のPCにインストールして利用する目的や、インターネットオークションなどで転売する目的でのバックアップ・コピーは、著作権者の許可がない限り著作権法違反となる。

エ．不適切。オープンソフトウェアであっても、著作権は著作者が放棄しているのではなく、一定の条件を付して無償でソースコードを公開し改変等使用を許諾しているにとどまる。したがって、改変・再配布にあたっては、使用許諾の内容を確認し、これに従う必要がある。

⑤ ● データ資源管理

問題
50 解答

正　解 エ

ポイント

・本問は、DBMSを利用したトランザクションのロールバック、ロールフォワードによるデータの復旧方法に関する知識を問う問題である。

解　説

ア．不適切。直前のチェックポイント前にコミットを発行しているトランザクションは、ロールバックやロールフォワードの対象にならない。

イ．不適切。直前のチェックポイント後にコミットを発行しているトランザクションは、更新後ログでロールフォワードが必要である。また、障害発生時に処理中であるトランザクションは、ロールバックし前回のコミット時の状態に戻す必要がある。

ウ．不適切。アと同様に、直前のチェックポイント前にコミットを発行しているトランザクションは、ロールバックやロールフォワードの対象にならない。

エ．適切。直前のチェックポイント後にコミットを発行したトランザクションは、ロールフォワードでコミット時の状態にし、障害発生時に処理中だったトランザクションは、ロールバックしコミット時の状態に戻す必要がある。

C ● 情報システムの運用・保守の基礎 ＞ 3 ● 情報システムの資源を管理する

6 ● ネットワーク資源管理　　　　　　　　　テキスト第3章第3節

問題
51 解答

正 解　ウ

ポイント

・企業では、無線LAN機器や携帯電話、スマートフォン、無線機など無線機器を多く調達し使用している。無線機器は電波法第38条の2に基づく「無線局機器に関する基準認証制度」によって技術適合認証を受け、技適マークを付けた機器を使用する必要がある。海外の安価な製品も購入が容易になっていることから、無線機器調達のために、認証制度や技適マークについての知識が必要となる。

・本問は、ネットワーク資源の1つである無線機器の調達や管理で必要となる知識について問う問題である。

解 説

ア．不適切。Bluetooth機器も対象である。

イ．不適切。国内で使用する無線機器であれば海外製品も対象である。

ウ．適切。認証制度に適合した機器には、1台1台に技適マークが付けられている。国内で使用する無線機器を調達する場合は、電波法に違反することがないよう技適マークが付けられている機器を調達することが必要である。なお、示されているマークは、平成7年4月に見直されたマークである。

エ．不適切。調達者にかかわらず、コードレス電話機も認証制度の対象である。

8●キャパシティ管理 テキスト第3章第3節

問題 **52** 解答 H28前

正 解 ウ

ポイント

- キャパシティ管理では、システム構成要素について、需要やコスト、システム要件に対して資源の容量や性能が最適になるよう管理を行うために、需要の把握、資源の現状の把握、容量や性能の計画や改善などの活動を行う。
- 本問は、これらシステムの運用におけるキャパシティ管理の活動や手法についての知識を問う問題である。

解 説

ア．適切。キャパシティ管理では、将来にわたって必要なキャパシティを提供することが要求される。そのため事業がどのように変化し、どのようにIT資源が利用されていくかを把握するために、事業戦略やトレンドの分析を行う。

イ．適切。ITサービスの処理能力の限界を越えないようにするために、負荷量（需要）を下げるように制御することもキャパシティ管理の活動である。例えば、利用が多い時間帯での負荷量を減らすために、特定の利用者に作業の投入を別の時間帯に移すように依頼する、格差課金を利用し利用時間帯を平準化するなどの手法がある。

ウ．不適切。外部記憶装置のRAID1（ミラーリング）構成は、可用性管理における信頼性対策手法であり、キャパシティ管理で利用される作業や手法ではない。

エ．適切。サーバーのCPU利用率、処理トランザクション量、磁気ディスクの利用率、ネットワークの利用率などインフラストラクチャの状況を監視し、サービス水準の維持を図ることは、キャパシティ管理の作業として適切である。

問題
53 解答

正　解　エ

ポイント

・本問は、事例にある新システム導入時のテストにおける開発側と運用側の
対応を通じ、バックアップについての考え方など運用管理に関する知識を
問う問題である。

解　説

ア．適切。データベース領域は、空き領域や一時的な情報、管理情報なども
含んでいるため、業務データの容量より大きな物理ファイルになる。デー
タベース領域は頻繁に更新されるため、その物理ファイルを差分バック
アップや増分バックアップにすることでは処理時間の短縮は期待できな
い。ツールを用いるなどして、毎回データベース領域全体をバックアップ
せずに、復旧に必要な情報のみを対象とすることは、処理時間の短縮が期
待できる。

イ．適切。1台のコンピュータ内にある複数のHDDに同時に読み書きする
技術であるRAIDには複数の方式がある。RAID5は、複数のディスクにデー
タを分散し記録することで、分散させない場合に比べて高速に読み書きが
できるが、耐障害性を高めるためにパリティデータ（誤り訂正補正）を作
成し記録する処理が必要となる。一方、複数のHDDにデータを分散して
記録するがパリティデータを作成・記録しないRAID0は、RAID5に比べ
耐障害性は低下するが、書き込みの時間は短縮できる。

ウ．適切。一度に複数のタスクを起動したり、アプリケーションソフトから
のメモリ要求が多大になると、仮想メモリと実メモリとのデータの入れ替
えであるスラッシングが頻繁に発生し、本来の処理が遅くなってしまう。
この場合、メモリを増やすことで、スラッシングを回避し、バックアップ
処理の高速化が期待できる。

エ．不適切。データを圧縮しバックアップを取得しても、読み込むデータの
量や時間は変わらないため、読み出しの時間の短縮は期待できない。

9● 保守

問題 **54** 解答

H20後

正　解　ウ

ポイント

・ハードウェア資源の保守について、保守の種類に応じた計画を立案し、作業を管理するためには、どのような保守作業の種類があるかを理解しておく必要がある。

・本問は、保守作業の種類と内容を理解しているかを問う問題である。

解　説

ア．正しい。ハードウェアの構成要素について、一定の使用回数や累積運転時間に達したものを交換することを経時保守という。稼動保障時間が決まっているものは、稼動保障時間の到達前に交換をする必要がある。

イ．正しい。ハードウェア構成要素の稼動状況や特性値などから何らかの異常が見受けられた場合に、障害が発生する前に交換等の保守を行うことを状態監視保守という。

ウ．誤り。計画保守とは、ハードウェア構成要素の耐久期間に合わせて、保守を計画して行うことをいう。選択肢ウは、故障が発生した後に行う保守であり、事後保守の対応手順の1つである。

エ．正しい。ハードウェアの故障や異常動作を未然に防止するために行う保守を予防保守という。予防保守には、その実施形態により定期保守、経時保守、状態監視保守の3つがある。ハードウェア構成要素の決められた使用回数や使用時間が来る前に、ハードウェアや消耗品の交換・清掃を行うことは経時保守であり、予防保守の1つである。

正解　ア

ポイント

・本問は、ソフトウェア資源の保守について、保守の種類に応じた計画を立案し、作業を管理するために、保守の種類と内容を理解しているかを問う問題である。

解説

ア．不適切。経時保守とはハードウェアが一定の使用回数や使用時間に達したときに行う保守である。ソフトウェアの本番稼働中に発生した障害に対応して行う保守は、是正保守という。経時保守は、ハードウェアの保守で用いられる障害の予防のための保守であり、障害の発生後の対応ではない。選択肢アは、ソフトウェアの本番稼働中に発生した障害に対する保守であり、是正保守である。

イ．適切。環境変化に対応して現行のアプリケーションを使い続けるために行う保守を適応保守という。選択肢イは、出力用紙の形式の変更という業務環境の変化に対応する保守であり、適応保守である。

ウ．適切。アプリケーションソフトウェアの性能や保守性を改善させる保守を完全化保守という。選択肢ウは、レスポンスを改善する保守であり、完全化保守である。

エ．適切。まだ障害となっていない潜在的な問題があるときに、障害が発生する前に発見し是正する保守を予防保守という。選択肢エは、障害が発生する可能性がある問題に対する保守であり、予防保守である。

4● サービスレベルの管理

問題 56 解答

H25前

正解 ア

ポイント

・本問は、サービス水準についての提供者と顧客の合意または合意を記載した文書であるSLA（Service Level Agreement）を中心に、サービス品質の考え方や業務を外部へ委託するときの注意点についての知識を問う問題である。

解 説

ア．不適切。ITサービスは、ITサービスを「顧客が満足する水準」を維持しながら提供することが使命であるが、この「顧客が満足する水準」については、必要となるコストや、サービス提供者の提供能力を勘案し、提供者と顧客の間でサービス開始前に合意しておくことが必要である。ITサービスの品質水準は、費用対効果を最適にするよう定めることが必要であり、費用を最優先に決めるとする点は、誤りである。

イ．適切。SLAには、サービス内容やサービスレベルの指標・目標、緊急時の対処方法、サービスレベルの結果報告内容や頻度等コミュニケーションの方法等も明記する。"ITサービスの提供時間"はサービス内容の指標・目標であり、"障害発生時の復旧時間"は緊急時の対処方法等の例外事項に関する指標・目標である。また、"ヘルプデスクの応答時間"はコミュニケーションに関する指標・目標である。

ウ．適切。運用管理業務を他社へ外部委託するとき、委託内容を十分に委託先へ説明せずに適切な合意を得ないまま業務を委託してしまうと、委託範囲やサービス水準の理解に差が生じてしまい、トラブルの原因となる。受託者と委託者の認識を合わせ合意するために、SLAを活用することは有効である。

エ．適切。選択肢イの解説のとおり、SLAの項目には、緊急時の対処方法も対象となる。

●参考文献
・（一財）日本情報経済社会推進協会「ITSMSユーザーズガイド」 2013

問題
57 解答

H29後

正解 ア

ポイント

・SLAを活用するためには、SLAの目的や効果を正しく理解し、目標や水準を定める必要がある。本問は、このSLAを用いる目的や注意点について基本的な知識を問う問題である。

解説

ア．不適切。ITサービスは、顧客の要望に基づき設定されるものであるが、顧客の要望のみを基準にサービス水準を設定するのではなく、費用や提供者の能力なども考慮し設定されるものである。したがって、SLAで定めるサービスレベルを「顧客の要求するサービスの水準」とする点は不適切である。SLAは、サービス提供者が守るべき目標ではあるが、サービス提供者の責任のみが記載されるのではなく、サービス提供者、顧客、ユーザーのそれぞれの役割と責任を明確にすることが必要である。

イ．適切。SLAには、サービス内容やサービスレベルの指標・目標、緊急時の対処方法等の例外事項、サービスレベルの結果報告内容や頻度等コミュニケーションの方法等も明記する。選択肢にある達成目標は、これらに該当し、SLAに定める対象として適切な内容である。

ウ．適切。SLAの“A”が「合意（agreement）」であることからも、SLAで定める目標や水準は、利用者や提供者からの押し付けではなく、利用者と提供者の間で合意するものである。

エ．適切。SLAの対象となるITサービスの改善や、SLAで定める品質水準の見直しのために、SLAで定める水準を達成しているかについて、利用者・提供者双方が客観的に判定できるよう、目標や水準は計測可能なものとすることが望ましい。

情報セキュリティ管理とは　　　　テキスト第3章第5節

問題
58 解答　　　　　　　　　　　　　　　

正　解　　エ

ポイント

・情報セキュリティポリシーは、情報セキュリティ管理の基本方針や対策基準を示す。

・本問は、情報セキュリティポリシーを構成する、方針、対策基準、実施手順の３つの文書の役割について基本的な知識を問う問題である。

解　説

ア．適切。情報セキュリティ基本方針は、広義の情報セキュリティポリシーの構造（図参照）の最上位に位置し、選択肢アのとおり経営者の情報セキュリティに関する組織の取り組み姿勢及び組織全体に関わることを記述する。

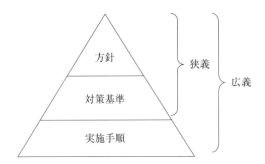

イ．適切。情報セキュリティ対策基準は、広義の情報セキュリティポリシーの構造の中段に位置し、選択肢イのとおり情報セキュリティ基本方針の目的を受けて、何を実施しなければならないか、具体的な対策をルール化する。

ウ．適切。情報セキュリティ実施手順は、広義の情報セキュリティポリシーの構造の下位段に位置し、選択肢ウのとおり対策基準のルールを個々の場

面でどのような手順、記録様式で実施するかを定めたものである。

エ．不適切。情報セキュリティ基本方針は、経営者が情報セキュリティに関する組織の取り組み姿勢などを、組織内及び顧客などの外部関係者に対して表明するものである。JIS Q 27001:2014は、5.1.1で「情報セキュリティの方針群は、これを定義し、管理層が承認し、発行し、従業員及び関連する外部関係者に通知することが望ましい」としている。

●参考文献

・JIS Q 27001「情報セキュリティマネジメントシステム－要求事項」2014
・JIS Q 27002「情報セキュリティマネジメントの実践のための規範」2014

3●情報セキュリティ対策の手法　テキスト第3章第5節

問題 **59** 解答　H29後

正　解　ア

ポイント

・本問は、電子商取引システム等Webシステムで管理する、個人情報など重要情報の改ざん・漏洩リスクへの対策についての知識を問う問題である。

解　説

ア．不適切。IDSは、侵入検知システムとも呼ばれ、ホストや通信を監視し、不正侵入を検知した場合に管理者へ通知を行うシステムである。IDSは、大量のトラフィックを送りつけサーバーへ高い負荷を与える攻撃であるDoS攻撃やSynフラッド攻撃などの脅威を検知し通知するものであり、検知を受けての対応は、他の装置と連動させる、担当者が対応するなど別途行う必要がある。また、SQLインジェクションやクロスサイトスクリプティングといったWebアプリケーションの脆弱性を突いたサイバー攻撃への防御には、WAF（Web Application Firewall）の導入が有効である。不正アクセスや改ざん・漏洩の防止への直接の機能としては他の選択肢に比べ低いため、選択肢アは不適切となる。

イ．適切。Webシステムへ不正侵入し情報を搾取するために、Webシステムで利用するサーバー OSなどソフトウェアの脆弱性が利用されることがある。オペレーティングシステムのアップデートは、これら脆弱性への対策を多く含んでいることから、不正アクセスのリスクを軽減することが期待できる。

ウ．適切。利用者がWebシステムにアクセスするときに行う本人認証を適切に行うことは、利用者の情報を保護するために必要である。本人認証についてはパスワードによる認証が一般的であるが、パスワードによる保護だけでは不正な攻撃に対し必ずしも有効といえなくなってきていることから、従来のID／パスワードの認証に加え、さらに他の方法（生体認証やセキュリティコードによる確認など）による認証を行う多段階認証により

本人認証の安全性を高める方法が採用されるようになっている。

エ．適切。TLS（Transport Layer Security）はSSL（Secure Socket layer）と同じインターネット上でデータを暗号化して送受信する仕組み（プロトコル）である。通信を暗号化することで第三者による盗聴・改ざんを防ぐために用いられる。SSLは、インターネット技術の標準化などを行うIETF（Internet Engineering Task Force）が発行している技術仕様等の文書群であるRFC（Request for Comments）で使用が禁止されている。SSL3.0や初期のTSLには、「POODLE」と呼ばれる脆弱性が指摘されていて、TSLの安全なバージョンへの移行が進められている。

問題 **60** 解答　　　　　　　　　　　　　　　H29後

正　解　ウ

ポイント

・本問は、事例にある事象と原因の関係を考えることで、インターネットを利用したサービスに必要なIT資源に関する仕組みや管理についての知識を問う問題である。

解　説

ア．適切。CPUは高熱になると熱暴走を起こすおそれがあるため、通常ファンなどで冷却している。室温が高くなったりファンが故障したりすると、サーバー内の温度が高くなりCPUが熱暴走する恐れがある。

イ．適切。SMTPサーバーはメールを送信するためのサーバーであり、SMTPサーバーが不具合を起こすと、メールの送信に障害が起こる。

ウ．不適切。プロキシサーバーはインターネットと内部のネットワークの境界で、両者間のアクセスを中継するものである。パソコンへIPアドレスを割り当てるのはDHCP（Dynamic Host Configuration Protocol）サーバーの役割である。IPアドレスの割り当てが正常にできなくなった原因を、プロキシサーバーの不具合としている選択肢ウは不適切である。

エ．適切。DNSサーバーに不具合が起きると、ドメイン名とIPアドレスの変換ができなくなるため、外部のネットワークにアクセスできなくなる。

正　解　イ

ポイント

・モバイルパソコンは携帯可能な情報機器として各種の業務に活用されるが、使用方法によって情報漏洩などのセキュリティリスクを伴う。

・本問は、モバイルパソコンなどの携帯可能な情報機器の使用に際して、情報漏洩防止のために注意すべき点について問う問題である。

解　説

ア．不適切。メールは、配信途中で盗聴される可能性がある。S/MIMEによるメールの暗号化や、機密情報は記載したファイルを暗号化し添付するなどの対策が必要である。

イ．適切。VPNは、インターネットをあたかも専用回線であるかのように利用する技術であり、これを介して顧客データを参照しPC内に取り込まないならば、情報漏洩のリスクは他の選択肢に比べ低い。

ウ．不適切。外部に持ち出すモバイルパソコンの内蔵ハードディスクに顧客データを取り込むことにより、紛失による情報漏洩のリスクがある。

エ．不適切。POPで受信したメールは、メールを受信した機器内に保存されるため、メールを受信したPCなどの機器を紛失したり、ボットに感染することで読み取られるリスクがある。

正　解　イ

ポイント

・セキュリティ対策では、脆弱性への対策として様々な技術が用いられる。

・本問は、セキュリティ対策に用いられる技術の特徴や用途に関する知識を問う問題である。

解　説

ア．適切。VPN（Virtual Private Network）は、ネットワーク上に仮想的な専用線を構築する仮想化技術で、機密性が高いデータ通信をする場合に用いて通信内容を保護する。

イ．不適切。マルウェア（malicious softwareの略）は、コンピュータウイルスやスパイウェア、ボットなど悪意あるプログラムという意味である。マルウェアは"意図的な"悪意あるソフトウェアのことである。

ウ．適切。ユーザー認証とは、本人確認をする手段であり、パスワード、暗証番号など本人のみが知りうる情報や、生体情報などから、操作者が本人であることを確認する。なお、ユーザー IDなどから操作者が誰かを識別するのはユーザー識別である。

エ．適切。ファイアウォールは、外部と内部のネットワークの境界で、外部からの不正なアクセスを排除し、必要なアクセスだけを通過させるハードウェア及びソフトウェアのことである。ファイアウォールは、主にインターネットとLANの境界に設置されるが、個々のPCで利用するパーソナルファイアウォール製品もある。

問題 **63** 解答　　　　　　　　　　H28前

正　解　エ

ポイント

・物理的及び環境的セキュリティの目的は、組織の情報資産を物理的及び環境的脅威から保護することである。

・本問は、物理的及び環境的セキュリティについて理解を問う問題である。

解　説

ア．適切。重要情報を格納・操作するPC等の機器や装置に許可のない者が触れることができると、それら機器が破壊されて業務を妨害されたり、重要情報が盗まれて漏洩したり消去される恐れがある。そのため、重要な情報があるセキュリティを保つべき領域を特定し、その領域を壁や入退室装置など適切な物理的境界で区分し、そこで取り扱われる情報資産の重要性や特性に応じた対策を講じることが必要となる。これらセキュリティを保つべき領域の対策は、物理的及び環境的セキュリティの主要な活動である。

イ．適切。これら装置のセキュリティ対策は、物理的及び環境的セキュリティの主要な活動である。

ウ．適切。これら物理的なバックアップ対策は、物理的及び環境的セキュリティの主要な活動である。

エ．不適切。これら従業員の行動計画は、事業継続のための活動である。地震、台風、洪水、落雷、火災、感染症蔓延、暴動への環境的対策としては、組織の情報資産を保護するための対策が求められる。

●参考文献

・JIS Q 27001「情報セキュリティマネジメントシステム－要求事項」 2014

問題 **64** 解答　　　　　　　　　　　　　　　　　　H26前

正　解　　イ

ポイント

・モバイル端末は、外部へ端末を持ち出すことを前提とした、端末やアプリケーションの設定などのセキュリティ対策が必要となる。

・本問は、このモバイルパソコンの使用における適切なセキュリティ対策について問う問題である。

解　説

ア．不適切。モバイル端末では、無線通信が利用されるが、無線通信では、通信内容が漏洩することを防止するために、一般に通信を暗号化する。暗号化方式は様々なものがあるが、適切な強度を持った方式を選択する必要がある。暗号化方式の１つであるWEPは、暗号化されたデータが比較的容易に解読されてしまうため、より安全性の高いWPA 2を使用することが望ましい。なお、暗号化方式は、ハードウェアなどの性能向上などIT技術の変化により、強度の評価は変化していく。情報収集を行い、使用している暗号化方式を適宜評価し、見直すことが必要となる。

イ．適切。ファイアウォールの機能が複数入っている場合、同時に動作させると競合して不具合が発生する場合があるため、いずれか１つのみを動作させるのがよい。

ウ．不適切。セキュリティ設定が不十分な無線LANアクセスポイントである可能性があるため、安全性の評価をしていないアクセスポイントには接続しないほうがよい。

エ．不適切。モバイルパソコンを紛失したり盗難に遭ったり、なりすましやコンピュータウイルスによってPCが不正にアクセスされた場合、他者がWebメールを容易に閲覧できてしまうため、ユーザー名・パスワードは保存しないことが望ましい。

問題 65 解答
H26前

正解 ウ

ポイント

・重要な情報資産である顧客情報の取り扱いについては、機密性、完全性、可用性を維持するために適切な対応が必要となる。

・本問は、重要な情報資産である顧客情報を取り扱うために必要なセキュリティ対策を通じて、情報セキュリティに関する知識を問う問題である。

解説

ア．不適切。電子メールのフィルタリング機能の設定によって、宛先アドレスや添付ファイルについて送信元組織が定めた送信ルールに反していないかのチェックが行われるが、送信後のインターネット上の盗み見や受信した組織における受信者以外の者による盗み見に対する保護は行われない。顧客情報を含むファイルの暗号化やパスワード保護が必要である。

イ．不適切。単純にフォーマットしただけでは、復元ツールで復元することでデータを読み取られる危険性がある。

ウ．適切。重要情報について、閲覧が認められた社員のみがアクセスできるようにすることで、アクセスが認められていない者からのアクセスによるデータの外部流出の危険性を低減している。

エ．不適切。ウィンドウを最小化しただけでは、第三者がウィンドウを再表示すれば作業中の画面を見ることができてしまう。離席時は、作業中の画面に復帰するためにはパスワードの入力が必要なスクリーンセーバの設定を利用するなどの対処が必要である。

正解　イ

ポイント

・本問は、事例を通じて、Webサイトにアクセスした際にサーバーに記録される情報から情報発信者が特定される危険性について考えることで、企業におけるインターネット利用上の注意など情報モラル徹底の重要性について問う問題である。

解説

ア．不適切。ユーザーエージェントは、Webにアクセスした際にサーバーに記録されるアクセスに使用されたOSやブラウザ等の情報のことである。ユーザーエージェントの情報からは、企業名を直接特定することはできない。

イ．適切。IPアドレスは、ネットワークにアクセスするために必要な、パソコンなどの機器に割り当てられる番号のことであり、閲覧者のパソコンに割り当てられたIPアドレスがサーバーに記録される。IPアドレスからドメイン名（例：○○○.co.jp）を知ることができ、ドメインの所有者はwhois情報として公開されているため、所有者がグローバルアドレスを取得した企業であれば、IPアドレスから企業名を特定することが可能である。

ウ．不適切。リンク元URL（リファラ）は、該当のページにアクセスする前に訪れていたページのURLのことであり、閲覧者がリンクをたどって該当のページにアクセスした場合、リンク元URLがサーバーに記録される。ただし、企業名をここから直接特定することはできない。

エ．不適切。アクセス日時は、閲覧者がいつ該当のページにアクセスしたかの日時のことであり、閲覧者が該当のページにアクセスした日と時間の情報がサーバーに記録される。ただし、企業名をここから直接特定することはできない。

正 解　ウ

ポイント

・著作権は、プログラムや設計書など情報システムの成果物等にも及ぶ。

・本問は、知的財産権の１つである著作権について定めた著作権法についての知識を問う問題である。

解 説

ア．該当しない。政府の発行する白書は、著作権法第13条（権利の目的とならない著作物）に該当せず、文章に関しては著作権があり、引用を明確にせずにWebページに掲載すると著作権法に抵触する。

イ．該当しない。法律の条文は、著作権法第13条（権利の目的とならない著作物）第１項のとおり著作権の目的とならないため、他人のサイトからコピーしたとしても著作権法には抵触しない。

ウ．該当する。映画の著作物の保護期間は、第54条（映画の著作物の保護期間）のとおり70年であり、1960年に公開された映画は2014年時点で著作権が存続する。ただし、保護期間が70年に延長された2004年１月１日の時点で既に延長前の50年を経過していたもの（1944～1953年12月31日公開作品）については、著作権が消滅したままである。

エ．該当しない。著作権の保護期間は、第51条（保護期間の原則）第２項のとおり著作者の死後70年であり、江戸時代の浮世絵作者は死後70年以上経っているのは明らかなため、著作権法には抵触しない。

1 ● 業務アプリケーションとは

テキスト第4章第1節

問題 **68** 解答

H24後

正 解 ウ

ポイント

・ERPは、基幹業務を統合する目的で導入されるため、財務会計システムとは、非常に相性のよいものと考えられがちである。しかし、稼働中の財務会計システムにおいて、ワークフローや社外とのデータインターフェース等、業務に特化した既存システムが既に稼働していることも多く、新しくERPを導入する際には、これらの取り扱いをどうするかについて考える必要がある。

・本問は、このようなERP導入に関する留意点を問う問題である。

解 説

ア．不適切。モディフィケーションは、ベンダーからのバージョンアップや標準機能のサポート等が受けにくくなるため、本来行うべき作業ではない。

イ．不適切。アと同様に、モディフィケーションが問題である。

ウ．最も適切である。既存システムは、特定の業務に特化したものであり、ERPの機能拡張となるアドオン機能として存続させることが望ましい。この場合、既存システムからERPの会計伝票を自動発行して、ERP側はデータとしてこれを取り込むような仕組みで対応することになる。

エ．不適切。既存システムの使用中止は、紙伝票の復活や現金による仮払い・精算作業の復活等につながり、容認されるものではない。

D●業務アプリケーションの活用と選定の基礎　＞　1●業務アプリケーションの基礎
②●業務アプリケーションの構成
テキスト第4章第1節

問題
69 解答

H28前

正　解　ア

ポイント

・ERPパッケージでは、業務統合型、特定業務中心型のERPの導入が一般的であるが、自社の業務が特殊な場合や、独自システムをERPパッケージと共存させる必要がある場合などは、他のタイプのERPパッケージの導入を検討することで、導入コストや導入効果などの面で有利なパッケージ導入が可能になる場合がある。

・本問は、このようなERPパッケージのタイプに関する知識を問う問題である。

解　説

ア．不適切。業務統合型は、経営に必要な業務システムを一通りカバーしているタイプのERPパッケージである。カスタマイズは、最小限必要とするものは許される。

イ．適切。各種アプリケーションの連携機能を持ち、手作りのシステムも含んだインフラ的位置づけとなるERPパッケージである。

ウ．適切。特定業務中心型は、特定の業界に特化したERPパッケージである。その業界特有の業務をサポートしているため、適合すれば導入効果が高く、サポートも期待できる。

エ．適切。部品提供型は、業務や機能を自由に選択し、カスタマイズできるタイプのERPパッケージである。独自業務の多い企業に向いている。

問題
70 解答

正 解 ウ

ポイント

・ERPパッケージにはいくつかのタイプがあり、大別すると①業務統合型②基盤提供型③特定業務中心型④部品提供型の4種類に分類できる。
　このうち業務統合型のERPパッケージは、物流、生産、販売、経理、人事といった業務ごとのモジュールから構成されており、必要に応じてこれらを組み合わせて用いる。

・本問は、業務統合型ERPパッケージを構成する業務とカバーする機能についての理解を問う問題である。

解 説

a：購買ではなく、入出金である。入出金には、上記の他、クレジットカードや銀行取引照合の機能がある。購買には、発注、入荷、買掛金管理などの機能がある。

b：給与管理ではなく、人的資源管理である。給与管理は給与計算を中心とした業務であり、人的資源管理の一部の機能である。

c：生産ではなく、在庫である。在庫には、上記の他、倉庫間移動や在庫再評価などの機能がある。生産には、部品表、生産オーダー、製造報告、ロット管理などの機能がある。

d：レポートではなく、ツールである。レポートには、標準レポート、クエリーウィザード、クエリー編集などの機能がある。

e：ワークフローではなく、システム管理である。ERPでは、ワークフロー機能を実現することも可能である。

以上より、正解は、a：入出金、b：人的資源管理、c：在庫、d：ツール、e：システム管理、である。よって、適切な選択肢はウとなる。

ア．不適切。

イ．不適切。

ウ．適切。

エ．不適切。

3 ● 導入手順

 解答

正　解　ウ

ポイント

・自社の組織がどのような構成であれ名称が異なっていても、一般的に受注、販売、物流、生産、資材調達、経理、財務、人事、労務などの機能は、どの企業にも存在する。したがって、その主要な業務機能とそれをサポートするアプリケーションを理解することは重要である。

・本問は、「企業の課題」＝「業務の見直し」に対応するために導入する「ITソリューション」＝「機能別アプリケーション」についての理解を問う問題である。

解　説

ア．不適切。顧客ごとに異なるニーズを把握して、顧客と自社との関係を深めるためには、CRM（Customer Relationship Management）システムの導入が有効である。

イ．不適切。物流や生産、販売などの基幹業務を統合管理するために導入するのはERP（Enterprise Resource Planning）パッケージである。

ウ．適切。営業担当者と顧客とのコンタクト履歴や商談状況の情報などを共有するために導入するのはSFA（Sales Force Automation）である。

エ．不適切。受発注や請求書、納品書など企業間の取引データをオンラインでやりとりするために導入するのはEDI（Electronic Data Interchange）である。

4●小規模な業務アプリケーションの例　テキスト第4章第1節

問題
72 解答　H29前

正　解　エ

ポイント

・経理財務部門は、企業経営の重要な数字を扱い、かつ管理する部門である。売上げの計上、売掛金の回収、製品の生産、商品の仕入れ、買掛金の支払い、金融機関への借入金の返済、通常の経費の支払い、給与など報酬の支払い、源泉税や消費税などの納付、社会保険料の支払いなど、表面的に現れている数字以上に、企業活動の舞台裏ではキャッシュが回転している。

・本問は、経理財務部門の業務内容の理解を問う問題である。

解　説

ア．適切。買掛金は、受け取った請求書に対し支払いが行われる。買掛金が発生した部門の個別事情や、支払側企業と請求側企業との締め日請求書の発行日、支払日などのルールの違いもあり、資金調達との関連で注意が必要である。

イ．適切。一般の支払債権より優先するのが人件費である。金融機関から給与振り込みで支払いがなされるときは、一定日数前の資金準備が必要である。また、12月は年末調整で、通常より多額の資金準備が必要である。

ウ．適切。循環支払と呼ばれるリース料、保守料などは、一般的にシステムに組み込まれ、担当者の目に触れない形で定期的に支払われるので注意が必要であるが、必ずしも一定期日とは限らないものも多い。例外的な経費の支払いを認めない厳然としたルールの運用も重要である。

エ．不適切。売掛金の消込処理においては、請求先と振込み名称の不一致は名寄せなどの処理でカバーし、請求金額と入金金額の不一致も振込手数料などを想定し、ある一定額の差（500円以内など）を認めるロジックを組み込むことが一般的である。

183

問題 **73** 解答

正　解　ウ

ポイント

・人事労務部門は、組織に所属する人的な資源の管理を一元的に行う部門である。製品や商品を扱う部門と異なり、対象が人的な資源であるので、処遇や周辺情報を含む個人情報保護に関しては、十分に注意が必要である。また、社会保険や税金関係の法律や政令については、規制緩和や構造改革により大幅な変更や修正が頻繁にあり、これに関しても十分に理解しておく必要がある。よって、人事労務部門はパッケージソフトの活用が賢明である。

総務関連の業務は、非定常で独自な業務処理を行うケースも多く、費用対効果の見極めが重要である。

・本問は、総務・人事労務・経理財務部門の情報システム化の方策についての基本知識を問う問題である。

解　説

ア．適切。社会保険関係は規則の改廃が多いので、パッケージソフトがよく使われている。

イ．適切。独自の取引慣行等にカスタマイズしやすいパッケージソフトを選択する。

ウ．不適切。繰り返し作業の少ない非定型業務等については、その業務自体を高い費用をかけてシステム化するメリットは少なく、システム化するよりも、グループウェアや社内SNS等で情報共有化や連絡・相談、文書作成・管理等による業務サポートを利用するほうが一般的には合理的である。

エ．適切。優れた人事評価の仕組みを持つ個別業務パッケージを選定し、システム導入を機会に業務改善を検討する。

正　解　イ

ポイント

・本問は、自社向けに財務会計ソフトやERPパッケージなどのITソリューションを導入して経理処理を行うこと（自計化）に関する知識を問う問題である。

解　説

ア．適切。購買データや販売データは大量になることが多く、これを財務会計ソフトに手入力することは時間と労力を要する。このようなときは、パッケージソフト相互間のデータ連携機能を使って、購買・販売管理ソフトから仕訳データを自動生成させることで省力化を図ることが有効である。このような機能は、一般的には、同一のソフトベンダーの購買・販売管理ソフトと財務会計ソフトの間で実現することができる。

イ．不適切。個別原価管理機能とは、注文生産等に対応して、個々の製品別に原価を集計するものである。A社は、規格品を反復生産しているため、同一の製品ごとに原価集計すれば事足りるので、このような財務会計ソフトは同社の原価管理には不向きである。

ウ．適切。SaaS型の財務会計ソフトには、クラウドコンピューティングを利用したものやクライアント認証型のもの等いくつかのタイプがあるが、いずれの場合でも、初期導入費用はほとんどかからずに、月額使用料等を支払って利用することになる。

エ．適切。ERPパッケージは、購買、販売、財務、人事等の基幹業務の情報を一元管理することができる。これを導入して、それぞれの業務データを相互に連動させることで、経営にとって有効な情報を得ることができるようになる。ただし、導入には資金と時間がかかる場合が多い。

5●業務アプリケーション開発に関連する技術　テキスト第4章第1節

問題
75 解答　　　　　　　　　　　　　　　　　H27後

正　解　ア

ポイント

・本問は、Webサイトの構築に関して、特にスマートフォンに対応した Webサイトの構築における基本的な知識を問う問題である。

解　説

ア．適切。HTML（HyperText Markup Language）は、Webサイトの文章 やメニューなどの構造を記述する言語であり、HTML5は、多くのスマー トフォン対応サイトで利用されている。

イ．不適切。XML Schemaとは、XML文書の構造を定義するスキーマ言語 であり、SGMLやXMLで文書を作成する際に、その構造を定義する言語。 XML自身は個々のタグの意味や関連性などを定義していない。実際に XMLを用いて文書を作成するためには、文書中でどのようなタグや属性 が使われているかなど、具体的な構造を定義しなければならない。これを 行うのが「スキーマ言語」と呼ばれる言語である。

ウ．不適切。CSS（Cascading Style Sheets）は、Webサイトの色やレイア ウトなどの見栄えを記述する言語である。CSS3は、多くのスマートフォ ン対応サイトのデザインで利用されている。

エ．不適切。RSS（RDF Site Summary）は、Webサイトやブログの見出し、 URL、要約、更新時刻などを構造化して記述するデータのことである。 RSS2.0は、RSSの規格のうちの1つである。

●参考文献

・IT用語辞典e-Words

① ● **製造の流れ**　　　　　　　　　　　　テキスト第4章第2節

問題
76 解答　　　　　　　　　　　　　　　H29前

正　解　　ア

ポイント

・ロット管理は、商品や製品の仕入れから販売ないし出荷までを製品単位ごとに管理する方法で、特に商品流通で量が多く、サイクルが短い場合に行われる簡便的な在庫管理の手法である。単位ごとに「ロット番号」を付与して管理するのが一般的で、発注も商品の梱包状態といった単位で行われる。また同一ロットには同じロット番号が製品に印刷されている場合もある。

・本問は、ロット管理システムの基本であるロット番号についての知識と理解を問う問題である。

解　説

ア．不適切。製造業において、製品のトラブルや瑕疵が発生した場合、その製品に投入した原材料ロットが正確に把握できなければならない。そのためには、原材料のロット番号は、調達側であるA社で付与するのではなく、仕入先が付与したロット番号をそのまま利用することが望ましい。

イ．適切。製品ロット番号を投入する原材料ロット番号が変わる都度付与し直せば、時系列的にどこから原材料ロットが変わったのかを迅速かつ正確に把握することができる。

ウ．適切。製品及び原材料のロット番号をバーコード化することは、A社での作業だけでなく、取引先の作業も簡便かつ正確になる。その際、原材料ロット番号については、仕入先にバーコード化し包装材に印字するよう要請するとよい。

エ．適切。製品のトラブルや瑕疵が発生したとき、同じロットの製品がどこに出荷されたのかを迅速かつ正確に把握するためには、製品ロット番号と出荷データの対応をとっておくことは重要である。

問題
77 解答

H29後

ポイント

・製造メーカーの資材調達部門は、主に製造工程で使用する原料、材料、加工商品、販売部門での仕入れ商品や原動部門の燃料などの仕入れ及びその支払いを統括する。

・本問は、資材調達元の製造メーカーと仕入先の部品販売会社との間の受発注業務と交換する情報に関する理解を問う問題である。

解　説

正解は、A：引合情報、B：在庫情報、C：発注情報、D：納品情報、である。

よって、適切な選択肢はウとなる。

ア．不適切。

イ．不適切。

ウ．適切。

エ．不適切。

問題
78 解答

H29前

正 解　エ

ポイント

・SCMとは、顧客から始まって、小売業、卸売業、製造業、部品や資材のサプライヤーまでさかのぼって情報の共有化を実現し、①顧客（消費者）満足の向上、②リードタイムの短縮、③在庫の削減・キャッシュフローの増大を目指し、経営の効率化を図るものである。単なる個別企業内での効率化にとどまらず、企業の壁を乗り越えて情報共有を実現することを通じて、サプライチェーン全体の最適化を目指す。

パッケージソフトとしては計画系と実行系があり、用意されている機能は、

計画系として、需要予測、受注管理、スケジューリングなど、実行系として、在庫管理、補充計画、配送管理などがある。

・本問は，SCMに関する知識と理解を問う問題である。

解 説

ア．適切。SCMとは、主に製造業や流通業において、原材料や部品の調達から製造、販売、流通という商品などの供給の流れをサプライチェーンとして、それに関わる企業、工場、部門などの間で情報を共有することで、全体の最適化を目指す戦略的経営手法をいう。

イ．適切。SCMのパッケージソフトにあるのは、計画系と実行系である。計画系の機能としては、需要予測、生産計画、補充計画などがあり、実行系の機能としては、受注管理、在庫管理、配送管理などがある。

ウ．適切。従前から存在する在庫システムなどを簡単に接続しただけのSCMでは、個々の生産計画、方針、思惑などが衝突して、全体としての最適化を図ることが困難である。したがって、SCM導入に当たっては、全体最適を目指すためのビジネスモデルを構築することが不可欠となる。

エ．不適切。SCMは、サプライチェーン全体の最適化を図ることにより、①顧客（消費者）満足の向上、②リードタイムの短縮、③在庫の削減・キャッシュフローの増大を目指すことにある。

●参考文献
・財団法人 流通システム開発センター「概説 流通SCM（次世代の流通情報システム標準化）」 2007

問題 79 解答
H27後

正 解　ウ

ポイント

・製造業の在庫管理は、製造に使用する部品・材料の在庫と完成した製品の在庫の両方を管理する。部品・材料については、生産計画の段階で製造に使用する部品・材料の引き当て、製造への投入による出庫、購買先からの納品による入庫、の処理を行う。製品在庫については、製品が完成した時

点で入庫処理を行い、受注先へ出荷した時点で出庫処理を行う。また、現物の在庫数量とコンピュータシステム上の在庫量の差異を管理する棚卸管理の機能も持つ。

・本問は、製造業において必須の情報システム機能の1つである在庫管理機能に関する基本知識を問う問題である。

（解　説）

ア．不適切。棚卸資産在庫回転率の算出式が誤り。正しくは、次の式で算出される。

　　在庫回転率 ＝ 出庫金額÷在庫金額

イ．不適切。「実在庫」が発注点を下回った時点ではなく、「実在庫－在庫引当量」が発注点を下回った時点で一定量を発注する方式である。

ウ．適切。定期発注方式は、あらかじめ定められた発注間隔で、発注の都度、発注量を算出して発注する方式であり、発注量は次の式で算出される。

　　発注量 ＝ （発注間隔＋調達リードタイム）期間内の使用予定量＋安全在庫－現在の在庫量－現在の発注残

エ．不適切。先入先出法は、先に入った順番で払い出しが行われ、棚卸資産は最も新しく取得されたものからなるとみなして、期末の棚卸資産の価額を算定する。最も実態に近い在庫評価方法と言われている。それに対して後入先出法は、後から入った順番で払い出しが行われ、棚卸資産は最も古く取得されたものからなるとみなして、期末の棚卸資産の価額を算定する。あまり採用されていない在庫評価法である。

●参考文献

・西沢和夫「生産管理ハンドブック」かんき出版　2010

・「実務に役立つ在庫管理」（ウェブサイト）

2 ●販売活動にかかわるシステム

テキスト第4章第3節

問題 **80** 解答

H29前

ポイント

・CRMとSFAは顧客情報を取り扱うという点で似ているが、CRMは、顧客に紐づく情報を管理・活用し、営業部門だけでなく開発部門、マーケティング部門など複数の部門で利用される。既存顧客に対するフォローやクロスセル（ある商品を買った人に興味がありそうな商品を進めることで購入を促す）を目的としたメール配信、各種セミナー開催の案内、アンケートなどで活用される。SFAは、案件情報や商談情報など見込み客や顧客との折衝情報等を細かく管理することで、営業活動の支援を目指すものである。

・本問は、情報システムにおける業務パッケージについての知識を問う問題である。

解 説

ア．不適切。CRM（Customer Relation Management）：顧客との関係（顧客情報、問い合わせ記録など）を管理するパッケージソフトである。

イ．不適切。ERP（Enterprise Resource Planning）：人事、経理、販売、生産、在庫、物流などの業務を含む基幹情報システムのパッケージソフトである。

ウ．不適切。SCM（Supply Chain Management）：需要予測、顧客からの受注管理、在庫管理から配送までのスコープを最適化するパッケージソフトである。

エ．適切。SFA（Sales Force Automation）：顧客とのコンタクト履歴、商談状況などの情報共有、活用によって営業活動を支援するシステムである。

問題 81 解答

正解 ウ

ポイント

・受注・販売・物流部門は、一般的に企業の最も根幹をなす部門である。製造業、流通業、販売業、サービス業などの業種により業務形態は異なるが、売主と買主との間の取引についての業務内容は、基本的には変わらない。

・本問は、この企業間取引の業務内容の理解を問う問題である。

解説

ア．適切。注文請書は、注文を受けた売主が、受注された商品の仕様や数量などを確認するために買主に対して発行する書類である。売主が買主から注文を請けた場合には、必要に応じて注文請書を発行し、買主に送る。

イ．適切。買主は、請求書に記載された支払条件に基づき支払処理を行わなければならない。

ウ．不適切。売主が代金の支払を確認した場合には、受領書ではなく、領収書を発行して買主に送る。なお、受領書は、商品を受け取った時に発行する書類である。

エ．適切。売主が商品を納品する場合には、納品書を発行し、買主に送る。

問題 82 解答

正解 エ

ポイント

・インターネットで商品を購入した際、購入業者から商品発送の案内がメールで送付されるが、その際に教えられる伝票番号（追跡番号）を配送業者のサイトやアプリで入力することで、細かい発送状況と配送予定日がわかるサービスが「追跡サービス」である。追跡サービスは、購入業者にとっては問い合わせの省力化やサービス向上になる。顧客にとってはどこまで

配送されているか確認できるので安心感がある。

・本問は、販売活動において商品の配送における追跡システムを開発・導入した効果について問う問題である。

解　説

ア．適切。インターネットによる追跡サービスを行うことで、お客様自身で調べることができるようになるため、電話で問い合わせをするお客様は減る。従業員の問い合わせ対応業務も電話回線の使用率も減少することになる。

イ．適切。今まで問い合わせできなかった営業時間外でも追跡サービスが利用できるようになり、お客様の利便性が向上し、お問い合わせサービスの品質向上になる。

ウ．適切。常に業務システムがインターネットに接続していることで、社内でもファイアウォールなどの設備投資を増やしたり、通常業務で使用しているコンピュータのウイルス対策やデータ管理などに気を配るなど、セキュリティに対する意識の向上が期待できる。

エ．不適切。メールで送られてきた問い合わせは、担当者がメールを確認したときに対応が開始されるので、迅速に返信があるとは限らない。

4 ● 販売活動を支える技術や規格　　テキスト第4章第3節

問題 **83** 解答　　　　　　　　　　　　　　　H28前

正　解　ア

ポイント

・小売業で活用されるPOSシステムは、それぞれの店舗に設置された1台の
　ストアコントローラに接続された1台から複数台のPOSターミナルと本社
　や本部に設置されたホストコンピュータとがネットワークを通して通信を
　行うことにより構成される。POSターミナルはスキャナーと接続されてお
　り、商品に添付されたバーコードを読み取ることで売上代金の計算、おつ
　りの計算の後レシートを出力する。POSターミナルで読み込まれた売上情
　報は、ストアコントローラへ随時送られる。バーコードには、商品コード
　などの情報が保持されているため、どのような商品がいくら販売されたか
　の詳細情報を把握することが可能になる。商品情報以外に、従業員情報や
　顧客情報が収集できる。

・本問は、POSシステムの構成機器の機能に関する基本的な知識を問う問題
　である。

解　説

ア．不適切。POSターミナルでは、商品情報以外に従業員情報や顧客の性別
　や年齢層といった顧客属性情報も収集することができる。

イ．適切。商品コードに対応した商品名や単価などの情報は、基本的にスト
　アコントローラにより一元管理され、それぞれのPOS端末が必要に応じて
　参照している。

ウ．適切。ホストコンピュータは、ストアコントローラから送られてくる各
　店舗の情報を集中管理し、メーカーや卸売業への商品発注処理を行い、新
　商品や売れ筋、死に筋商品などの情報を各店舗に送り、店舗運営の支援も
　行う。最近では、商品発注をストアコントローラで処理するシステムもあ
　る。

エ．適切。ストアコントローラは、従業員の勤務管理や給与計算、仕入情報

とつなげた商品の在庫管理、店舗の陳列管理など、店舗管理業務全体を支援する機能を持っている。

5●最新動向　テキスト第4章第3節

問題
84 解答　H27前

正　解　イ

ポイント

・「アクティブサポート」とは、最近注目されている販促手法の1つであり、従来のメールや電話での問い合わせへの対応（「パッシブサポート」と呼ばれる）に対して、能動的に顧客サポートを行うものである。

・本問は、企業がSNSを活用して「アクティブサポート」を実践するに当たって留意すべき点について問う問題である。

解　説

ア．不適切。Twitterにおいて、企業アカウントへのリプライ（@つきのツイート）に反応することは従来のパッシブな姿勢と変わらないため、アクティブサポートではないとされている。これはソーシャルメディア上での顧客対応行為、ソーシャルCRMの1つである。

イ．適切。企業が、自社商品・サービスに関するツイートを検索し、疑問や不満のツイートをしているユーザーに対して、企業側から能動的にコメントすることで問題解決をすること（アクティブサポート）は、Twitter等のSNSの効果的な活用の1つである。

ウ．不適切。アクティブサポートの一種と言えなくはないが、キャンペーンの情報を、不特定のユーザーに対して自動的に送信する行為は、スパムと受け取られる可能性があるため、適切とは言えない。

エ．不適切。内容的には顧客からの待ちであるため、いわゆる従来型のパッシブサポートである。

●参考文献

・河野武「アクティブサポートについて」（ウェブサイト）

・MarketingPedia（マーケティング用語集Wiki）（ウェブサイト）

・「アクティブ対応」磨くアスクル（ウェブサイト）

4●支える技術　　　　　　　　　　　　　テキスト第4章第4節

問題
85 解答　　　　　　　　　　　　　　　　**H26後**

正　解　ウ

ポイント

・コンピュータ処理では、コードが情報を識別する手段となっている。取引に際して用いられるコードが、自社のコード体系と異なる場合、変換する作業が必要となる。特に商品コードについては、1企業で扱う商品点数（コード数）が多く、かつ取引先が多いような場合、そのコード変換作業は膨大なものとなる。

そこで取引間の連絡においては、標準化されたコード体系（統一商品コード）を採用すれば、各企業内ではこの標準コードと自社コードの変換という対応だけで済むことになる。通常、統一商品コードは「自動読み取りと単品識別そしてデータ交換のためのコードである」と位置づけられている。

・小売／流通企業でのPOSシステム導入の進展に伴い、ソースマーキング、受発注などのデータ交換のための統一商品コードとして、JAN（Japanese Article Number）コードの採用を決定し現在に至っている。JANは、アメリカのUPC（Universal Product Code）、ヨーロッパのEAN（European Article Number）と互換性を有する国際的なコードである。

・本問は、バーコードについての基本的な知識を問う問題である。

解　説

ア．適切。調味料に限らず、工場で生産されるものの多くには、パッケージにJAN（Japanese Article Number）コードを印刷することでソースマーキングされるものが多い。

イ．適切。魚の切り身などのように店舗内で加工、販売される生鮮食品は、ソースマーキングすることができないため、その店舗でバーコードを貼り付けることをインストアマーキングという。

ウ．不適切。QRコードは水平方向と垂直方向に情報を持つ2次元コードである。したがって、この選択肢が誤り。なお、横方向にしか情報を持たな

　いバーコードは 1 次元コードである。

エ．適切。我が国のPOSシステムでは、共通商品コードであるJANコードが
　用いられる。

●参考文献

・財団法人流通システム開発センター「GSI事業者コード・JANコード」

・財団法人流通システム開発センター「GSI事業者コードの新規登録手続き」

・財団法人家電製品協会「資料 1 統一商品コードとソースマーキング」

3 ● 情報の性質

テキスト第5章第1節

問題 86 解答

H27前

正 解　イ

ポイント

・データの分類方法には以下のような種類がある。

　○表現形式による分類：具体的な数値で表される「定量データ」と内容を形容詞的な言葉で表現した「定性的データ」がある。

　○加工段階数による分類：ある目的を持って対象物を観察・測定して得られる定量的もしくは定性的なデータで、まだ加工されていない「一次データ（生データ）」と、一次データを加工した「二次データ」や「三次データ」等がある。

　○発生元による分類：企業や組織が業務を遂行していくプロセスで発生するデータである「内部データ」と、企業外部からから得られる「外部データ」がある。

・本問は、このようなデータの分類方法について問う問題である。

解 説

ア．適切。表現方法による分類には、定量データと定性データがある。

イ．不適切。データではなく、情報についての分類方法である。

ウ．適切。加工段階数による分類には、一次データと二次データがある。

エ．適切。発生元による分類には、内部データと外部データがある。

問題 87 解答

H27後

正 解　イ

ポイント

・本問は、データの種類と分類に関する基本的な知識について問う問題である。問題86のポイントを参照のこと。

（解　説）

ア．適切。自らが実施したアンケート調査のデータで、加工されていない一次データであり、生データである。

イ．不適切。数値データは定性データではなく、定量データである。

ウ．適切。自らが実施したインタビュー調査のデータは、一次データである。

エ．適切。官公庁などが公開しているデータなど、企業外部から得られるデータは、外部データである。

1●情報のビジネス活用とは

テキスト第5章第2節

問題 **88** 解答

H25前

正　解　　エ

ポイント

・情報収集のポイントは以下に示すとおりである。

　○収集目的を明確化してから収集する。

　○未知の部分と既知の部分を切り分けて、未知の部分を収集する。

　○幅広く集める。

　○情報は時間とともに劣化するので、タイミングよく集める。

　○情報の信頼性を高めるため正確に集める。

　○コスト・時間とのバランスを考慮する。

　○収集した情報を見直すことで新たな発見があるかもしれないので、集め
　　ながら考える。

・本問は、このような情報の収集に当たってのポイントについて問う問題で
　ある。

解　説

ア．適切。多様な情報を集め、多面的で偏りのない情報を網羅的に収集する
　ことで、客観的な判断をすることができる。

イ．適切。幅広く情報を収集することで、付加価値が生まれたり、比較検討
　をしたりすることができる。

ウ．適切。集めた情報をいったん見直すことで、新たな発見が生まれ、さら
　に必要な情報が明らかになるため、集めながら考えることは重要である。

エ．不適切。情報を正確に集めるためには、信頼できる情報源から多く集め
　ることが重要で、収集時間をかけることと直接は関係ない。

3●データの収集　　　　　　　　　　　　　　　　テキスト第5章第2節

問題
89 解答　　　　　　　　　　　　　　　　　　　　　H28前

正　解　イ

ポイント

・商用データベースは、企業などが開発あるいは構築し、販売しているデータベースやデータベースソフトのことである。図書館では、有料の商用データベースを閲覧者に無料で利用できるようにしている（1日の利用回数や時間制限をしている場合が多い）。提供されるデータベースには、書誌データベース（著者、タイトル、出版社、発行年月など）、新聞記事データベース、企業情報データベース、判例データベース、学術論文データベース、官報データベースなど、様々な分野がある。

・本問は、このような商用データベースの特徴と利用方法についての知識を問う問題である。

解　説

ア．適切。商用データベースは従来テキストや数値だけであったが、現在は地図、映像などマルチメディアのコンテンツを検索できるものも出現してきている。

イ．不適切。検索コマンドを入力してシステムに指示を与えるコマンド方式よりも、サービス提供者が用意したメニューを選択しながら進めるメニュー方式の方が初心者にとっては検索しやすい。

ウ．適切。選択肢の他には、次のようなメリットがある。

　　　○内容から検索できる。

　　　○条件に応じて検索（ワンストップ検索）できる。

　　　○迅速な情報検索ができる。

　　　○情報の表計算ソフトなどへの再活用がしやすい。

　　　○インターネットを利用して遠隔地から利用できる。

　　　○利用時間の制限が少ない。

　　　○詳細な説明書が用意されている。

エ．適切。選択肢の他には、企業信用調査や医薬品開発調査などに利用されることがある。

4●データの分析

テキスト第5章第2節

問題
90 解答

H27後

正　解　ウ

ポイント

・パレート図は以下のような図で、ABC分析を行う場合にも利用される。

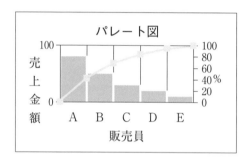

・ピボットテーブルは、元となるデータに多用な集計軸を設定することで、複雑な集計を簡単に実行することができるExcelの機能である。
・レーダーチャートは「問題100」を参照のこと。
・本問は、表計算ソフトの業務上の特性についての基本的な知識を問う問題である。

解　説

ア．適切。ABC分析を行う際には商品単位で売上個数や売上高などを軸に並び替える。

イ．適切。単価の変化に対する売上数量の変化の相関を見ることで価格弾力性の基礎的データが入手できる。

ウ．不適切。このデータから販売員ごとの売上金額を分析するためには、棒グラフあるいはパレート図が有効である。

エ．適切。ピボットテーブルを使うことにより、このデータから一定期間の販売員ごとの商品ごとの売上金額の表を簡単に作成することができる。

問題 **91** 解答　　　　　　　　　　　　　　　　　H24後

正　解　ア

ポイント

・データマイニングは、大量に蓄積されたデータに対して統計処理などを行い、法則性の発見を支援する手法である。正解の選択肢は米国のスーパーマーケットチェーン、ウォールマートの調査による有名な事例である。子どものいる家庭では、母親はかさばる紙おむつを買うように父親に頼み、店に来た父親はついでに缶ビールを購入する、と解釈され、この2つを並べて陳列したところ、売り上げが上昇したと言われている。

・本問は、このようなデータマイニングという情報分析手法に関する知識を問う問題である。

解　説

ア．適切。データマイニングは、小売店の販売データや、クレジットカードの利用履歴等、企業に大量に蓄積されるデータを解析し、その中に潜む項目間の相関関係やパターン等を探し出す技術である。

イ．不適切。都道府県別の面積と道路の総延長距離の相関係数を計算して得られる情報である。ちなみに両者の相関係数は0.698である。

ウ．不適切。東日本の梅雨期の雨量と秋雨期の雨量の統計データを比較して得られる情報である。

エ．不適切。大学生の授業への出席率と成績の相関係数を計算して得られる情報である。

●参考文献

・総務省統計局「都道府県別面積」

・総務省統計局「都道府県別道路現況」

・IT用語辞典e-Words「データマイニング【data mining】」

・兵藤哲朗「平成18年度 流通データ分析 データマイニングの活用事例 レポート」（ウェ

ブサイト）

・ウィキペディア「梅雨」（ウェブサイト）

1 ● マルチメディアとは　　　　　　　　　　　テキスト第5章第3節

問題 **92** 解答　　　　　　　　　　　　　　　　　　　H26前

正 解　ア

ポイント

・ホームページやブログ、SNSなどを通じて情報発信する際に、様々なマルチメディアデータを取り扱う場合、以下の注意点がある。

　○肖像権：肖像権は、「個人の顔や姿に対して発生する権利」である。人物の写真などの場合は、撮った人などが著作権を有するだけではなく、写っている人に肖像権があるため、ホームページに掲載する場合にはこれらすべての権利者の許諾が必要になる場合がある。

　○著作権：文書、音楽、画像、動画など、インターネットのホームページや電子掲示板などに掲載されているほとんどのものは誰かが著作権を有している。これらを、権利者の許諾を得ないで複製することや、インターネット上に掲載して誰でもアクセスできる状態にすることなどは、著作権侵害に当たる。

　○個人情報：個人に関する情報は、氏名、性別、生年月日、住所といった個人を特定できる情報の他、電話番号、メールアドレス、職業、家族構成といった、個人のプライバシーなどに関わる情報を含んだ概念であり、個人情報保護法により保護されている。こうした個人に関する情報が不用意に第三者に知られた場合は、その情報が拡散したり、誹謗中傷に使われたり、なりすましなどの被害にあったり、犯罪に利用される可能性もあるため、漏洩には注意が必要である。

・本問は、インターネット上でマルチメディアデータを取り扱う際の注意点を問う問題である。

解 説

ア．適切。商品の魅力を伝える方法として、動画共有サイトを活用することは、有効な方法の1つである。

イ．不適切。デジタルカメラで撮影した写真のファイルサイズは非常に大き

く、そのまま資料に利用すると資料のファイルサイズも大きくなり、メールに添付して送れなくなる場合があるため、必要な大きさに縮小するなど加工した上で利用するのが望ましい。

ウ．不適切。インターネットに掲載されている写真をそのまま利用すると著作権の侵害になる可能性がある。利用する場合は、「ダウンロードフリー」等を確認すべきである。

エ．不適切。街を歩く人々を無断で撮影した動画をWebサイトで公開すると、肖像権の侵害になる場合もあるため、避けるのが望ましい。

E ● 情報活用の基礎　＞　3 ● マルチメディアの基礎

4 ● マルチメディアの活用例　　　　　　　　テキスト第5章第3節

問題
93　解答

正　解　イ

ポイント

・画像の形式には、ラスタ形式（ビットマップ画像ともいう）とベクタ形式がある。ラスタ形式は、画像をピクセルと呼ぶ点に分割し、それぞれの点に色や輝度情報を与えて表現する。点のみで構成されているので、写真などの複雑な画像の表示に適している。ラスタ形式の画像フォーマットには、BMP、GIF、JPEG、PNG、TIFF、XPMなどがある。

BMPは、自然色に近い1,670万色（通称フルカラー）の色を表現することができるが、無圧縮の画像形式であるためデータ容量が大きくなる。

GIFは256色が表現可能で、圧縮形式の画像形式である。色数が少ないイラストやアイコンなどに利用される。

JPEGは自然色に近い1,670万色の色を表現することができるため、写真などに向く。圧縮形式の画像形式である。

ベクタ形式は、複数の点（アンカー）の位置とそれをつないだ線、色、カーブなどを数値データとして記憶し再現する形式である。数値で管理しているので、描いたグラフィック自体はデータ量も小さく、変形がしやすい。ベクタ形式の画像フォーマットには、EPS、PDF、SVG、WMFなどがある。

肖像権、著作権、個人情報に関しては、問題92を参照のこと。

・本問は、Webサイトにおいて情報発信する際、ファイルの取り扱いに関して注意すべき点について問う問題である。

解　説

ア．不適切。日本語のファイル名は、サーバーへのアップロード時に文字化けしたり、うまくリンクされないケースが発生する可能性があるため使用しないのが望ましい。

イ．適切。イラストの保存には、多くの場合GIF形式が利用される。

ウ．不適切。BMP形式のファイルは容量が大きいためWebでは通常使用し

209

ない。

エ．不適切。動画撮影自体、著作権の侵害に当たる恐れがあり、それが認められている場合でも、大勢を撮影した動画の無断公開は、肖像権の侵害の恐れがある。

4 ● メールの活用

 問題 **94** 解答

正　解　エ

ポイント

・ファイルをセキュリティ上安全にする方法には、パスワードを設定する方法や暗号化する方法などがある。パスワードを設定するには、パスワードを取り扱う機能があるソフトで保存する際に設定することができる。メールの添付ファイルにパスワードを設定することには以下の目的がある。

　○メールを違う宛先に送ってしまった際の情報漏洩を防ぐ。

　○セキュリティ対策などコンプライアンス遵守の姿勢を明確化し送付先にもアピールする。

・本問は、情報共有において、パスワードを設定することで文書ファイルを安全に送受信する方法について問う問題である。

解　説

ア．適切。拡張子「pdf」は、印刷・配布向けに利用される文書ファイルの1つであるPDFファイルに付加される拡張子である。ファイル保存の際に、パスワードを設定することで、ファイルを開くときや編集をするときにパスワードが求められるようになるため、安全に情報共有できる。

イ．適切。拡張子「zip」は、圧縮ファイルの1つであるZIPファイルに付加される拡張子である。圧縮・解凍ソフトなどを利用して文書ファイルを圧縮する際に、パスワードを設定することで、ファイルを開くときにパスワードが求められるようになるため、安全に情報共有できる。

ウ．適切。拡張子「docx」は、文書作成ソフトの1つであるWordのファイルに付加される拡張子である。ファイル保存の際に、パスワードを設定することで、ファイルを開くときや編集をするときにパスワードが求められるようになるため、安全に情報共有できる。

エ．不適切。拡張子「exe」は、アプリケーションの実行ファイルや、自己解凍形式の圧縮ファイルなどに付加される拡張子である。圧縮・解凍ソフ

トなどを利用して文書ファイルを圧縮する際に、パスワードを設定することで、ファイルを開くときにパスワードが求められるようになる。ただし、EXE形式のファイルは、メールの添付ファイルを介したウイルス感染の危険性などから、メールソフトによってはファイルが開けない場合もあるため、情報共有に使用するのは望ましくない。

問題 95 解答

H29後

正解 ウ

ポイント

・迷惑メールには、スパムメールのような大量に送信されるメールだけでなく、コンピュータウイルスの感染を目的としたウイルスメール、金銭や個人的情報収集を目的としたフィッシングメール、特定の対象者に何らかの目的をもって送信される標的型メールなどがある。

・迷惑メール対策には、プロバイダーによる対応と、メール事業者による対応、メール受信者のメールソフトによる対応がある。プロバイダーによる対応は、「submission port（ポート番号587）」とユーザー認証の採用が効果を発揮している。メールサーバーでは、迷惑メールとみなされたメールを「迷惑メール」のような特定フォルダに自動的に入れてくれる機能がある場合が多い。メールクライアントには、特定のアドレスからのメールの受信拒否やセキュリティ対策ソフトによる迷惑メールの対応機能がある。

・本問は、このような電子メールに関する基礎的な知識を問う問題である。

解説

ア．適切。従来メール送信では、あるメールサーバーに対しクライアントも他のメールサーバーもそのメールサーバーの25番ポートを利用してメールの送信や転送をしていたが、クライアントがスパムメールを送付しても、メールの発信元の情報を偽装しているため対処が難しく問題となっていた。そのため多くのプロバイダーでは、25番ポートはサーバーによるメールの転送のみ許可し、クライアントは「submission port（ポート番号587）」を用いて自分のプロバイダーのメールサーバーからメールを送信するように変更された。その際SMTP認証を実施することで本人確認がなさ

れるようになりSPAMメールを減らすことに貢献した。

もし、ホテルなどで自分のプロバイダー以外のプロバイダーを使う場合は、そのプロバイダーが送信者のプロバイダーのメールサーバーにサブミッションポートのパケットを中継してくれるので、SMTP認証後にメールが送信される。

イ．適切。電子メールで、POPやIMAPサーバーに対して、SSL（TLS）を使用することで、メール本文やパスワードなど、通信の暗号化がなされる。

ウ．不適切。電子メールでは、POP（POP3）ではなくIMAPを利用することで、異なるクライアントから、同じメールを読むことが可能である。1つのクライアントでメールを読んで既読になった場合、他のクライアントでも既読になる。

エ．適切。メールは7ビットデータでないと取り扱いができないため、UTF-8のような8ビットを符号単位とする文字符号化形式のテキストや、画像などのバイナリデータを電子メールで送信する場合は、MIME（Multipurpose Internet Mail Extensions）と呼ばれる書式に従ってメッセージを作成、送信する必要がある（BASE64という方式で7ビットデータにエンコードして送信する）。

●参考文献

・IT用語辞典e-Words「OP25B（Outbound Port 25 Blocking）」

・IT用語辞典e-Words「サブミッションポート【submission port】587番ポート」

・IT用語辞典e-Words「IMAP【Internet Message Access Protocol】IMAP4」

・IT用語辞典e-Words「MIME【Multipurpose Internet Mail Extensions 】」

・NTT未来ねっと研究所 川幡太一「日本の文字符号の標準化の最新動向」

解答・解説編

5●社内ネットワークの活用
テキスト第5章第4節

問題 **96** 解答
H29前

正　解　ア

ポイント

・本問で発生した事案に関して、考えられる対応は以下である。
　○外出先や移動中でも管理者が迅速に情報を得て指示できる環境整備
　○部門横断的な情報共有の基盤整備
　○事案毎の緊急連絡網の整備などの運用ルールの整備
・本問は、情報共有化の一般的な知識を問題としているのではなく、発生した事案に対する具体的な対応を問う問題である。

解　説

ア．不適切。メールやスケジューラ、ワークフローは情報共有化の一般的なツールであるが、今回の問題となっている事案に対して、問題発生を防ぐ具体的な対応ではないため、不適切である。

イ．適切。外出先や移動中でもクレーム情報が入力でき、管理者が対応を迅速に指示できるようになる。

ウ．適切。顧客に接点のある全部の部署で情報を迅速に共有できる仕組みを整備することは有効である。

エ．適切。クレーム対応では、情報共有のためのシステム作りだけでなく、運用面のルール作りが重要である。

問題 **97** 解答
H29前

正　解　エ

ポイント

・グループウェアは、組織内での情報の伝達や共有のためのソフトウェアで、タスク管理やカレンダー、掲示板、メッセージなどの様々な機能によって

組織内の情報共有やコミュニケーションを円滑にし、業務を効率化する。社内のサーバーで構築・運用するオンプレミス型と、外部のサーバーを利用するクラウド型の2つの導入形態がある。似たようなソフトウェアに社内SNSがあるが、こちらはグループ内のコミュニケーションを活性化することが目的である。

・本問は、このようなグループウェアの基本的な知識を問う問題である。

解　説

ア．適切。グループウェアの標準的機能には、ポータルサイト、メール、掲示板、電子会議、スケジュール管理、施設予約、ワークフロー、情報・ファイル共有、アンケートなどがある。

イ．適切。業務システムもシングルサインオンが可能にすることで、グループウェアを含めて、個別のログインをなくすことができる。

ウ．適切。内部統制で要求される「業務プロセスの可視化・適正化」を実現するためにワークフロー機能は有用である。

エ．不適切。クラウド型グループウェアとして販売しているものには、オンプレミスな社内の既存システムとの統合はできないものがあるが、アマゾンなどのクラウドサービス（AWS）には、専用線やVPNによる接続が提供されており、セキュリティ面も安心してオンプレミス環境のサーバーと統合・連携を行うことができる。

●参考文献

・ITトレンド「グループウェアの基本的な機能とは？」（ウェブサイト）

・ビジネス on IT「AWS、本格業務利用の最適解！『AWS Direct Connect』の基礎知識」（ウェブサイト）

 98 解答

正　解　エ

ポイント

・グループウェアを導入する際のポイントは以下である。

　○グループウェア導入目的の明確化

自社のコミュニケーションのタイプは、メールなのか、グループ会議なのか、トップダウン形式の掲示版型なのか等を分析することでグループウェア選定の優先度や視点を明確化することが重要。豊富な機能はよく見えるが価格も高くなる。

○オンプレミス型のグループウェア

自社で構築するため、クラウド型のグループウェアと比較してカスタマイズ性が高く、他のシステムと連携しやすい。

セキュリティが確保しやすい。

導入初期に、インフラ調達の時間やコストがかかり、ソフトウェアライセンス購入費も必要となる場合があるが、その場合は長期間使用してもシステムの費用は変わらない。

○クラウド型のグループウェア

初期費用が無料、もしくは低料金で済む。

アカウント登録後にすぐ利用可能となる。

カスタマイズや、他のシステムとの連携はしづらい。

利用アカウント数の従量課金制が多いため、人数や利用期間によっては高額になる可能性がある。

・本問は、グループウェア導入に関する基本的理解を問う問題である

解 説

ア．適切。グループウェアの主な機能はメール機能、掲示板機能、スケジューラ機能、ワークフロー機能の他、施設予約や伝言メモ、在席確認、タイムカード機能など多くの機能を提供しているものが多い。

イ．適切。グループウェアとは、データベース化した情報の共有やコミュニケーションの効率化を図り、グループによる協調作業を支援するソフトウェアである。

ウ．適切。グループウェアは多機能であるが、必ずしもすべての機能を採用する必要はなく、その企業にあった機能を選択して導入すればよい。

エ．不適切。クラウド型グループウェアは、自社用ではなく、事業者が所有するハードウェア及びソフトウェアを（複数の会社で）利用するもので、利用人数に合わせて適切な形で導入できる。

2 ● 文書作成 テキスト第5章第5節

問題
99 解答 **H29前**

正 解 ア

ポイント

・機種依存文字とは、コンピュータの機種やOSなどの環境が変わると正しく表示されないことがある文字のことである。日本語用の文字コード規格によく利用される文字コードが登録されていない時代に、各メーカーが自社のPC用に、独自の文字コードであるNEC特殊文字やIBM拡張文字と呼ばれる文字コードを追加したことにより機種依存文字ができた。機種依存文字としてよく知られているものとして丸囲み数字や括弧囲み文字、ローマ数字、元号、単位、通貨記号、数学記号、半角カタカナ、一部の使用頻度の低い漢字などがある。近年では文字コードがUnicodeに（文字エンコーディングはUTF-8に）収束しつつあり、また、Unicodeにかつての機種依存文字の多くが収録されているため、長期的には解消していくものと見られている。

・本問は、文書作成ソフトを用いて作成したファイルを送付する際の注意点に関する知識を問う問題である。

解 説

ア．不適切。機種依存文字が含まれていてもウイルスチェックには該当しない。

イ．適切。文字コードが異なる場合にソフトウェアが対応できない状況では文字化けが発生し、送付先からファイルの異常を疑われることがある。

ウ．適切。送付先が所持していないソフトウェアで作成されたファイルには適切な関連付けがなされないため、ファイルが開かない。

エ．適切。ファイル名が文字化けした場合、拡張子の部分も化けてしまうことがある。この場合、適切な関連付けが読み取れないためファイルが開かない可能性がある。

5●グラフ表現

 問題 **100** 解答

正解　ア

ポイント

・本問は、実務で発生する様々な事象を分析するために最適なグラフを選択することができる知識を問う問題である。レーダーチャートとパレート図のサンプルを以下に示す。

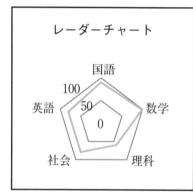

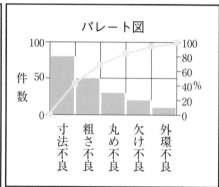

解説

ア．不適切。レーダーチャートは複数のデータ項目間の評価のバランスを見るためのグラフで、時系列の変化を見るためには適さない。時系列変化を見る場合は、折れ線グラフを利用するのが一般的である。

イ．適切。棒グラフを利用してもよいが、折れ線グラフの方が「線の傾き」により時間による変化を直感的に把握するのに適している。

ウ．適切。パレート図は問題を分析してその原因や現象の大きなものから順に度数を並べると同時に累積度数もプロットすることから、原因分析によく利用される。

エ．適切。円グラフは構成比率を表現するのに適しており、この場合は、各要素内に構成比と予算額の2種類の数字を記入すればよい。

●編著
ビジネス・キャリア®検定試験研究会

●監修
菅原　邦昭
SKコンサルティング事務所　代表社員

●監修協力
川田　茂
株式会社PUC　総括課長
中村　隆夫
NITコンサルティング　代表
政井　寛
政井技術士事務所　代表
山田　喜彦

・本書掲載の試験問題及び解答の内容についてのお問い合わせ
　には、一切応じられませんのでご了承ください。
・その他についてのお問い合わせは、電話ではお受けしておりま
　せん。お問い合わせの場合は、内容、住所、氏名、電話番号、
　メールアドレス等を明記のうえ、郵送、FAX、メールにてお送
　りください。
・試験問題については、都合により一部編集しているものがあり
　ます。
・問題文及び解説文に適用されている法令等の名称や規定は、
　出題時以降に改正され、それに伴い正解や解説の内容も変わ
　る場合があります。

ビジネス・キャリア®検定試験過去問題集　解説付き
経営情報システム　　3級

初版1刷——— 令和2年4月

編著————— ビジネス・キャリア®検定試験研究会
監修————— 菅原　邦昭
発行————— 一般社団法人 雇用問題研究会

〒103-0002　東京都中央区日本橋馬喰町1-14-5　日本橋Kビル2階
TEL　03-5651-7071
FAX　03-5651-7077
URL　http://www.koyoerc.or.jp

ISBN978-4-87563-710-3